Friederun Reichenstetter
Zu Hause im SOS-Kinderdorf

*Für meine beiden Schwestern
Evmarei und Uta*

Friederun Reichenstetter

Zu Hause im SOS-Kinderdorf

Mit Illustrationen von
Claus Danner

Erika Klopp Verlag

Die Deutsche Bibliothek – CIP Einheitsaufnahme
Reichenstetter, Friederun:
Zu Hause im SOS-Kinderdorf / Friederun Reichenstetter. Mit Ill. von
Claus Danner. – München : Klopp, 1997
ISBN 3-7817-1797-6

In neuer Rechtschreibung

© 1997 Erika Klopp Verlag GmbH, München
Alle Rechte vorbehalten
Einbandillustration: Claus Danner
Satz: Filmsatz Schröter, München
Druck und Bindung: Wiener Verlag, Himberg
Printed in Austria
Auflagenkennzeichnung (letzte Ziffern maßgebend):
Auflage: 3   2   1
Jahr: 1999   98   97

Inhalt

Amelie kommt ins Kinderdorf 11

Katrin – die erste neue Freundin 21

Ein Aufsatz über Kinderdörfer 28

Ein folgenreiches Gespräch 37

Die Familie vergrößert sich 45

Sommerfest und große Ferien 51

Schwieriger Familienzuwachs 65

Molli verliebt sich 71

Was wird mit Markus? 80

Der Onkel aus Jordanien 87

Katrin weiß nicht mehr weiter 92

Auf der Suche 99

Ein schreckliches Erlebnis 104

Hassan schreibt aus Jordanien 110

Familienfest nach einem Jahr 116

Die SOS-Kinderdörfer 120

Amelie kommt ins Kinderdorf

»Tor!«, rief eine helle Kinderstimme auf der Wiese unter Amelies Fenster. Dann lachte jemand und eilige Schritte entfernten sich. Zum Glück, dachte Amelie. Das Letzte, was sie jetzt brauchen konnte, war Kindergeschrei. Sie hatte Bauchschmerzen, wie häufig in letzter Zeit. Ihre Mutter hatte sie deswegen schon zum Arzt schicken wollen. »Es könnte der Blinddarm sein«, sagte sie noch vor ein paar Wochen, »und mit dem soll man nicht spaßen.« Aber Amelie wusste, dass es nicht der Blinddarm war. Die Schmerzen kamen, wenn sie Angst hatte. Zum Beispiel um ihre Mutter, als sie immer schwächer wurde. Und dann ... Nicht daran denken!, befahl sie sich.

Amelie setzte sich in ihrem Bett auf. Durchs Fenster sah sie auf den weißen Stamm einer Birke. Hinter der Birke war das nächste Haus, hell gestrichen mit grünen Läden wie das, in dem sie wohnte. Die Häuser waren schön, fand Amelie. Auch ihr großes Zimmer war schön, das sie allein bewohnte. Zumindest jetzt musste sie es noch mit niemandem teilen. Ein Schreibtisch stand am Fenster, davor ein Stuhl. Auf dem Schreibtisch hatte sie ein gerahmtes Foto ihrer Mutter aufgestellt und an der Wand hing ein Poster mit einer Stadt am Meer. Ihre Mutter hatte es ihr geschenkt und gesagt, wenn es wieder besser ging, würden sie dort einmal Urlaub machen. Aber dazu war es nicht mehr gekommen. Etwas weiter vom Fenster entfernt stand ihr Bett, auf dem sie jetzt lag. Und einen Schrank gab es natürlich auch noch im Zimmer.

Die Tür ging auf. Eine Frau mit erstaunlich blauen Augen kam herein. Irgendwie wurden die Augen noch blauer, wenn sie lächelte. Und das tat sie ziemlich oft, auch jetzt.

»Amelie, geht es dir schon ein bisschen besser? Hier bringe ich dir Pfefferminztee und eine Wärmflasche. Das wirkt Wunder.« Sie schob den Stuhl, der vor Amelies Schreibtisch stand, ans Bett und stellte den Tee darauf. Dann setzte sie sich an die Bettkante und legte Amelie die Wärmflasche auf den Bauch.

»Wunder gibt es nicht.« Amelie schüttelte den Kopf. Dann seufzte sie und sagte: »Eva, warum können wir zwei nicht für uns allein bleiben? Ich möchte keine anderen Geschwister mehr. Warum ziehen wir nicht einfach von hier weg? Du könntest wieder als Krankenschwester arbeiten. Bitte! Wenn Mama noch leben würde, wäre es ihr sicher so am liebsten. Und wenn du nicht Kinderdorfmutter geworden wärst, hättest du mich ja auch zu dir genommen, oder? Du warst doch die beste Freundin von Mama und außerdem bist du meine Patentante.«

»Natürlich hätte ich dich zu mir genommen. Aber wenn ich täglich im Krankenhaus arbeiten müsste, könnte ich mich kaum um dich kümmern. Du wärst viel allein. Zu viel. So bin ich den ganzen Tag da...«

Amelie hatte sich umgedreht und starrte die Wand an. Dann schluchzte sie: »Für tausend Kinder bist du da und für mich gerade mal ein bisschen oder auch gar nicht.«

»Amelie, sieh mich an!«, sagte Eva. »Schau, zum einen sind es nicht tausend Kinder, sondern mit dir zusammen werden es vielleicht fünf sein. Und zum anderen sind wir jetzt noch allein und haben Zeit füreinander. Ist das nicht schön?« Sie lächelte Amelie an und Amelie lächelte zurück. »Du wirst dich mit der Zeit hier wohl fühlen«, fuhr Eva fort. »Da bin ich mir ganz sicher.«

»Warum hast du eigentlich keine richtige Familie und keine eigenen Kinder?«, fragte Amelie.

Eva lachte. »Weißt du«, sagte sie dann, »der Mann, mit dem ich mir hätte vorstellen können eine Familie zu gründen und Kinder zu haben, hat sich für eine andere Frau entschieden. Und die Männer, die ich später kennen gelernt habe, mochte ich einfach nicht so gern. Trotzdem wollte ich immer eine eigene Familie haben. Und nun ist es so weit. Zwei Jahre lang habe ich in verschiedenen Kinderdörfern mitgearbeitet und die Ausbildung gemacht. Jetzt bin ich Kinderdorfmutter und ich freue mich auf mein neues Leben.«

»Und ein Haus hast du auch schon.«

»Ja, hier im Kinderdorf Bergen.« Mit einer Armbewegung deutete Eva die Umrisse ihres neuen Wirkungsfeldes an. »Und du bist mein erstes Kind in meiner neuen Familie.«

»Willst du immer hier bleiben, dein ganzes Leben lang?«, fragte Amelie.

»Das vielleicht nicht gerade, aber auf jeden Fall so lange, bis du und alle meine zukünftigen Kinder auf eigenen Beinen stehen. Dann sehe ich weiter.«

»Weißt du eigentlich schon, wer noch zu uns kommt?«, fragte Amelie. »Kannst du dir die Kinder aussuchen, die du haben möchtest?«

»Nein, jedenfalls nicht so, wie man sich ein Kleidungsstück aussucht. Selbstverständlich wird mit uns Müttern besprochen, welches Kind in die Familie passt. Grundsätzlich aber wird aufgenommen, wer in Not ist und Hilfe braucht. So wie in deinem Fall.«

»Meinst du, Mama würde noch leben, wenn sie mich nicht am Hals gehabt hätte?« Amelie sah Eva ängstlich an. »Sie hat sich immer Sorgen wegen mir gemacht, weil sie so viel krank war und sich deshalb so wenig um mich kümmern konnte.«

»Du warst das Beste, was deiner Mutter passieren konnte.« Eva strich Amelie leicht über die Hand. »Und den Herzfehler, an dem sie gestorben ist, hatte sie von Geburt an, obwohl man das erst während der Schwangerschaft festgestellt hat. Es grenzt fast an ein Wunder, dass sie mit dieser schweren Krankheit vierunddreißig Jahre alt geworden ist. Sie hat immer gesagt, wenn sie dich nicht hätte, würde sie längst nicht mehr leben. Und sie hat gern gelebt – trotz ihrer Krankheit.«

»Und trotz meines Vaters, der sie hat sitzen lassen, als ich auf die Welt kam«, rief Amelie aus. »Wäre er bei uns geblieben, wäre ich jetzt nicht allein.«

»Allein bist du nicht. Du bist bei mir.«

Amelie legte die Wärmflasche neben sich und stand auf. »Meinem Bauch geht es wieder besser«, sagte sie.

»Prima! Dann könntest du doch noch unseren nächsten Nachbarn guten Tag sagen.«

»Wohnen sie in dem Haus, das man hier vom Fenster aus sieht?«

»Ja, die Kinderdorfmutter Cornelia Hennig mit ihrer Familie. Sie wohnen in Haus vier, wir in Haus drei.«

»Na gut.« Amelie schlüpfte in ihre Schuhe. Zusammen mit Eva machte sie sich auf den Weg.

»Die Kinder da drüben sind schon gespannt auf dich, vor allem Katrin«, erzählte Eva auf dem kurzen Weg dorthin. »Sie ist ein nettes Mädchen, so alt wie du, also fast zwölf. Sie geht in die Klasse, in die auch du kommst, in die sechste des Neusprachlichen Gymnasiums. Vor ein paar Wochen ist Katrins beste Freundin weggezogen. Sie hat in Bergen gewohnt, der Kreisstadt, zu der unser Kinderdorf gehört. Seitdem hängt Katrin ein bisschen durch.«

Eva klopfte an der Haustür. Ein Mädchen öffnete.

»Grüß dich, Katrin!« Eva gab ihr die Hand. Dann sah sie von Katrin zu Amelie. »Ihr beiden seht euch direkt etwas ähnlich«, sagte sie.

Beide Mädchen waren etwa gleich groß, beide hatten braune Augen und beide hatten ihre dunklen Haare zu einem Pferdeschwanz gebunden.

»Stimmt«, sagten Katrin und Amelie gleichzeitig. Darüber mussten sie lachen und die erste Fremdheit war überwunden.

»Kommt doch herein!« Katrin machte die Tür weit auf. »Die andern möchten Amelie sicher auch kennen lernen.«

»Von dir habe ich Amelie schon erzählt«, sagte Eva.

»Hoffentlich nur Gutes.«

»Aber sicher! Ich habe ihr mitgeteilt, dass du ein besonders nettes Mädchen bist.«

»Danke für das Kompliment.« Katrin grinste. »Ich kann es gebrauchen. Peter fand mich nämlich heute alles andere als nett.«

»Peter ist Katrins jüngster Bruder«, erklärte Eva.

»Was hatte er denn an dir auszusetzen?«, fragte Amelie.

»Na ja, ich musste ihn mittags ins Bett bringen, aber er wollte einfach nicht schlafen. Schließlich wurde er so sauer, dass er mich verkaufen wollte.«

»Und dann?«, fragte Amelie.

»Habe ich ihn wieder aufstehen lassen«, meinte Katrin. »Und danach war er völlig zufrieden.«

»Kein Wunder«, ließ sich eine freundliche Stimme aus dem Hintergrund vernehmen. »Katrin verwöhnt Peter maßlos.« Die Stimme gehörte einer kleinen, rundlichen Frau, die jetzt im Flur erschien. »Kommt doch endlich herein in die gute Stube«, sagte sie einladend. Im Wohnzimmer streckte sie Amelie die Hand entgegen. »Ich bin Cornelia Hennig. Wir freuen uns alle, dass wir zwei so nette neue Nachbarinnen bekommen. Und hier« sie deutete auf drei Kinder, die nacheinander im Zimmer erschienen, »möchten dir noch Christian, Sebi und Peter guten Tag sagen.«

»Babsi ist nicht da«, krähte Peter.

»Ja, Babsi ist unsere Älteste. Sie macht eine Friseurlehre und kommt erst abends nach Hause.«

Sebi und Christian waren Zwillinge, die man kaum auseinander halten konnte. Ihnen war die Vorstellung sichtlich unangenehm. Sie nickten Amelie zu und strebten dann eilig zur Tür.

»Her mit euch!« Cornelia Hennig winkte sie heran. »Amelie begrüßen könnt ihr doch wohl, oder?«

Die Zwillinge absolvierten ihre Pflicht, dann trollten sie sich wieder.

Als sie aus dem Zimmer waren, sagte Cornelia Hennig: »Die beiden sind sich selbst genug. Am glücklichsten sind sie, wenn man sie in Ruhe lässt und sie ihr Schlagzeug im Keller bearbeiten können. Hört nur.« Dumpfe Geräusche, wie fernes Meeresrauschen, tönten von unten.

»Unser Keller ist zum Glück gut isoliert, sonst wären wir schon längst taub«, meinte Katrin.

»Spielen die beiden denn in einer Band?«, fragte Amelie.

»Ja. Hier im Kinderdorf gibt es eine Superband«, antwortete Katrin. »Florian, unser neuer Zivi, hat sie wieder auf Vordermann gebracht. Nur eine E-Gitarre fehlt, weil Mario nicht mehr im Kinderdorf ist. Und ich bin leider noch nicht gut genug. Sonst würde ich sofort mitmachen. Aber ich habe erst vor einem halben Jahr in der Musikschule angefangen.«

»Wo ist Mario jetzt?«, fragte Amelie.

»Er ist inzwischen erwachsen«, antwortete Cornelia, »und wohnt in der Stadt. Er ist hochmusikalisch und hat die Aufnahmeprüfung fürs Konservatorium geschafft. Er kommt noch oft heim, aber um regelmäßig in der Band zu spielen hat er keine Zeit mehr.«

»Wie alt sind eigentlich die Zwillinge?«, wollte Amelie noch wissen.

»Dreizehn. Babsi ist sechzehn. Meine drei ältesten Kinder sind leibliche Geschwister. Und Katrin ist so alt wie du. Aber das weißt du sicher schon.«

»Ich wäre auch gern ein Zwilling.« Amelie sah sehnsüchtig auf die Tür, durch die Sebi und Christian verschwunden waren. Doch allzu lange konnte sie diesem Gedanken nicht nachhängen, denn Peter stellte sich vor sie hin, sah sie treuherzig an und sagte: »Melli soll mit Peter raus.«

»Was will er?« Amelie sah Katrin fragend an.

»Peter hat dir einen neuen Namen gegeben«, erklärte Cornelia Hennig. »Und spazieren gehen will er mit dir. Fragt sich nur, ob du was Besseres vorhast.«

»Eigentlich nicht.«

»Wenn du Lust hast, gehen wir zu dritt«, schlug Katrin vor. »Dann zeige ich dir gleich unser Dorf.«

»Los!«, rief Peter und sauste zur offenen Tür hinaus.

»Schnell, wir müssen ihn wieder einfangen!« Katrin rannte mit Amelie im Schlepptau hinter ihrem Bruder her.

»Das lässt sich ja ganz gut an«, meinte Cornelia, als sie vom Fenster aus den Mädchen nachsah.

Die beiden hatten Peter in die Mitte genommen und schienen sich über seinen Kopf hinweg bestens zu unterhalten.

»Du hast Recht.« Auch Eva sah aus dem Fenster.

»Ach, es wäre fast zu schön um wahr zu sein, wenn Katrin und Amelie sich gut verstehen. Für Amelie wird es höchste Zeit, dass in ihrem Leben wieder etwas Erfreuliches passiert. In den letzten Monaten war sie, von der Schule abgesehen, fast nur bei ihrer kranken Mutter. Für Freundschaften hatte sie gar keine Zeit mehr. Und sie hat sich total abgekapselt, sogar von ihrer besten Freundin. Ich hoffe, das renkt sich wieder ein. Susanne will uns mal am Wochenende besuchen.«

Jetzt verschwand die kleine Gruppe um die nächste Ecke.

»Wahrscheinlich gehen sie mit Peter zum Spielplatz«, meinte Cornelia. »Komm, gönnen wir uns schnell eine Tasse Kaffee, bevor wir uns wieder dem Ernst des Lebens zuwenden.«

Katrin – die erste neue Freundin

»Habt *ihr* einen schönen Spielplatz!«, rief Amelie.

Ringsum standen Buchen, bei denen die Äste so tief hingen, dass sie die reinsten Kletterbäume waren. Es gab einen Sandhaufen mit weißem, lockerem Sand, es gab Wippen und Schaukeln.

Eine Kindergruppe mit ihrer Betreuerin machte sich gerade auf den Heimweg. »Herzlich willkommen«, sagte die junge Frau, als Amelie ihr vorgestellt wurde. »Ich bin die Kindergärtnerin hier im Dorf. Besuch mich doch mal und schau dir unseren Kindergarten an.« Dann beugte sie sich zu Peter hinunter. »Na, und wann kommst du zu uns?«

»Vorgestern«, krähte Peter und strebte einer Schaukel zu.

Katrin hob ihn hinauf und während die Mädchen ihn abwechselnd anschubsten und er selbstvergessen beim Auf- und Abfliegen in den Himmel sah, fragte Amelie: »Katrin, wie lange bist du eigentlich schon hier?«

»Mehr als elf Jahre. Ich war noch ein Baby, als man mich hierher gebracht hat.«

»Und deine...« Amelie brach ab.

»Wo meine Eltern sind?«

Amelie nickte.

»Also, meine Mutter wohnt gar nicht weit von hier entfernt. Das weiß ich aber erst seit kurzem.«

»Warum bist du nicht bei ihr?«

»Sie hat sich nicht um mich gekümmert, deshalb wurde ich ihr vom Jugendamt weggenommen. Aber zur Adoption freigeben wollte sie mich trotzdem nicht. Und deshalb bin ich im Kinderdorf gelandet.« Sie schwieg einen Moment, ehe sie fortfuhr: »Vor zwei Wochen ist sie plötzlich hier aufgetaucht, das erste und hoffentlich auch das letzte Mal.«

»Das muss schlimm sein, wenn man seine eigene Mutter nicht kennt.«

»Noch viel schlimmer ist es, wenn dann plötzlich eine wildfremde Frau auf der Matte steht und behauptet deine Mutter zu sein! Und wenn sie dann gleich noch ihren Freund mitbringt. Der hat mich von oben bis unten gemustert, als wollte er mich kaufen.«

»Warum sind sie denn überhaupt gekommen?«

»Sie wollte mich mitnehmen. Nach zwölf Jahren hat sie plötzlich ihre Mutterliebe entdeckt. Aber lieber renne ich bis ans Ende der Welt als zu ihr zurückzugehen.«

»Kann sie dich einfach so hier herausholen?«, fragte Amelie ungläubig.

»Nein, das kann sie nicht. Nur mit Zustimmung meines Vormunds vom Jugendamt. Aber wenn meine Mutter einen guten Eindruck auf ihn macht, könnte er mich vielleicht dazu zwingen. Der Dorfleiter und Mama, also meine Kinderdorfmutter, haben zwar beide gesagt, ich soll mir keine Sorgen machen. Im Jugendamt sind gute Leute. Aber trotzdem... Robert zum Beispiel kam als Baby hierher. Fünf Jahre war er im Kinderdorf Bergen. Dann musste er wieder zu seinen Eltern. Wie ein Wahnsinniger hat er gebrüllt, als sie ihn abgeholt haben. Er kannte ja seine leiblichen Eltern überhaupt nicht. Ein Jahr war er fort, dann brachten sie ihn wieder zurück, weil ihn sein Vater misshandelt hat. Seitdem ist er ganz verändert. Früher war er lebhaft und immer vergnügt. Jetzt sagt er kaum ein Wort. Er schlägt auf alles ein und hat vor allem Angst.«

»Woher wusste deine Mutter denn, in welchem Kinderdorf du bist?«

»Vom Jugendamt. Aber in welchem Haus ich wohne, wusste sie nicht. Mich hätte wahrscheinlich der Schlag getroffen, wenn sie direkt bei uns aufgetaucht wäre. So mussten sie zuerst einmal ins Dorfbüro. Die Sekretärin hat dann bei uns angerufen und Mama hat mich gefragt, ob ich die beiden überhaupt sehen möchte. Hinterher wäre es mir lieber gewesen, ich hätte nein gesagt.«

»War es so schlimm?«

»Schlimm ist kein Ausdruck. Es war furchtbar! Zum Glück haben der Dorfleiter und Mama das Gespräch geführt. Auf jeden Fall sagte diese Frau zum Schluss mit weinerlicher Stimme: ›Katrin, komm wieder zu mir!‹ Ich hätte sie umbringen können!«

Amelie sah Katrin entsetzt an.

»Weißt du, diese Frau hat mich wirklich nur auf die Welt gebracht. Und dann hat sie sich nie mehr um mich gekümmert. Wahrscheinlich war sie einfach zu jung, sagt Mama, und die Verantwortung für einen Säugling zu groß. Das kann ja alles sein. Aber mich plötzlich wiederhaben wollen wie ein Möbelstück, das man so hin- und herschiebt – nein! *Meine* Mutter ist hier im Kinderdorf. Die hat mich aufgezogen und sie hat mich lieb. Und ich hab sie auch lieb.«

»Aber warum will sie dich denn jetzt so plötzlich wiederhaben?«, fragte Amelie. »Das gibt doch alles gar keinen Sinn.«

»Sie meint sicher, große Kinder sind einfacher zu haben als kleine. Na ja, und wenn ich vierzehn bin, kann ich auch schon Geld verdienen. Dann liege ich ihr nicht einmal mehr auf der Tasche. Als sie ging, hat sie mir ihre Adresse zugesteckt. ›Ruf mich an‹, hat sie geflötet. ›Das hier ist unsere neue Adresse. Im Sommer heiraten Herr Gutermann und ich.‹ So heißt dieser Typ.«

»Aber das ist ja alles schrecklich«, sagte Amelie hilflos.

Katrin schluckte, dann schnäuzte sie sich und sagte: »Aber wenn *die* kommen, erwischen sie mich nicht! Das weiß ich genau. Schließlich bin ich keine sechs Jahre mehr, so wie der arme Robert damals.«

Nichts war zu hören als das leise Quietschen der Eisenringe, durch die die Seile der Schaukel liefen.

Dann sagte Amelie leise: »Meine Mutter hatte mich lieb. Und ich sie auch. Vor zwei Wochen ist sie gestorben.«

»Und dein Vater?«, fragte Katrin ebenso leise.

»Ich kenne ihn nicht. Er hat meine Mutter verlassen, als ich auf die Welt kam.«

»Und meine Mutter weiß nicht mal, wer mein Vater ist«, sagte Katrin. »Stell dir das vor.«

Langsam wurde Peter das Schaukeln langweilig. Er wollte herunter.

»Aufhören, aufhören, aufhören!«, schrie er.

»Aufhören, aufhören, aufhören!« Katrin konnte Peters Stimme so täuschend ähnlich nachmachen, dass Amelie lachen musste.

»Gehen wir doch noch durchs Dorf«, schlug Katrin vor. »Dann zeige ich dir, wo Herr Hecker wohnt, unser Dorfleiter, und wo das Gemeindehaus ist. Vielleicht treffen wir auch unseren Zivi. Florian ist super. Alle Mädchen schwärmen für ihn. Ich auch.«

»Ist das der mit der Band?«

»Ja. Er spielt Saxophon. Neulich hat er abends da vorn auf der Wiese gespielt. Aus allen Häusern kamen Kinder und Erwachsene. Jeder hat was zu essen mitgebracht. Dann haben wir noch ein Feuer angezündet und gesungen.«

»Macht ihr so was öfters?«, fragte Amelie.

»Manchmal. Aber auf jeden Fall ist vor den Sommerferien immer ein großes Dorffest.«

»Du bist richtig gern hier, oder?« Amelie sah Katrin an.

»Hier bin ich zu Hause«, antwortete Katrin. »Hier und nirgends anders.«

»Warum sieht man hier denn fast keine Kinder?« Amelie drehte sich um die eigene Achse. »Ich dachte, an allen Ecken und Enden müssten welche rumstehen.«

»Das tun sie sonst auch.« Katrin lachte. »Aber heute ist Sportfest in der Schule. Die meisten sind dort. Nur unsere Familie nicht, weil wir alle krank waren und noch nicht fit genug sind. Der Besuch von meiner Mutter hat mich so fertig gemacht, dass ich die schlimmste Grippe meines Lebens bekommen habe. Die Zwillinge haben sich prompt angesteckt, dann Babsi. Und schließlich und endlich auch noch Peter. Nur Mama ist gesund geblieben.«

»Armer, armer Peter«, sagte Peter und grinste höchst munter von einem Ohr zum andern.

»Armer, armer verwöhnter kleiner Teufelsbraten.« Katrin nahm Peter auf den Arm und drehte sich mit ihm im Kreis. Außer Atem fuhr sie fort: »Das ist der Grund, weshalb unsere Familie hier ist und alle andern fort. Natürlich schauen auch die meisten Mütter bei dem Sportfest zu und die Familienhelferinnen.«

»Familienhelferinnen?«

»Das sind Frauen, die Kinderdorfmütter werden wollen und zu einem Praktikum im Dorf sind, oder Mädchen, die nach der Schule ein soziales Jahr machen. Und hier«, Katrin zeigte auf ein großes Gebäude, »ist unser Gemeindehaus, in dem auch der Kindergarten ist, das Sekretariat und das Dorfbüro.«

»Was ist denn da los?« Amelie sah die Straße hinunter. Fahrradfahrer kamen des Weges, Fußgänger, Autos.

»Das Sportfest ist aus«, sagte Katrin. »Wenn du willst, kannst du jetzt gleich die ganze Dorfbelegschaft kennen lernen.«

»Lieber nicht.«

»Verstehe ich. Morgen auf dem Schulweg triffst du sowieso die meisten. Um halb acht hole ich dich ab. Ich bleibe noch hier, weil ich wissen möchte, wer gewonnen hat.«

»Dann bis morgen!« Amelie schlug den Weg zu ihrem Haus ein. Sie drehte sich noch mal um und rief: »Danke für alles!«

Ein Aufsatz über Kinderdörfer

Zwei Monate nach diesem Nachmittag am Spielplatz holte Katrin Amelie wie seitdem jeden Tag zur Schule ab. Aus allen Häusern kamen Kinder mit ihren Schultaschen. Geprächsfetzen flogen hin und her, Gelächter war zu hören, zwei Jungen beschimpften sich und fingen dann auch gleich an zu raufen. Ein kleiner Kerl rannte heulend zurück, weil er sein Hausaufgabenheft vergessen hatte.

»Weißt du, wie lange ich schon hier im Kinderdorf bin?« Amelie blieb mitten auf dem Gehweg stehen und sah Katrin erwartungsvoll an.

»Vier Wochen, oder?«

Amelie lachte. »Acht. Ist das nicht verrückt? Weißt du noch, als ich das erste Mal bei euch war? Und wie Eva gesagt hat, wir sehen uns ähnlich? Mir kommt es vor, als ob es gestern gewesen wäre.«

Sebi und Christian, die hinter Amelie und Katrin hergingen, waren ebenfalls stehen geblieben.

»Lauft zu, ihr Trantüten!«, murrte Sebi. »Vor lauter Ratschen kommt ihr dauernd zu spät zur Schule.«

»Mama hat gesagt, wir sollen euch antreiben«, unterstützte Christian seinen Bruder.

»Geht nur zu!" Katrin gab den beiden einen kleinen freundlichen Schubs. »Wir passen schon selbst auf uns auf.«

Die Zwillinge zogen erleichtert ab, froh, ihrer undankbaren Aufgabe entbunden zu sein.

»Acht Wochen«, fing Katrin wieder an. »Du gehörst jetzt schon richtig dazu. Du kennst die meisten im Dorf und viele Leute in Bergen und alle in unserer Klasse und auch in der Parallelklasse.«

»Und es gefällt mir hier. Ich möchte nicht mehr weg. Die Leute im Dorf sind sehr nett. Na ja, alle natürlich nicht. Zum Beispiel Frau Reidel in Haus vierzehn mag ich nicht besonders. Die Kinder auch nicht.«

»Alle kann man nicht mögen«, meinte Katrin philosophisch.

»Stimmt.« Amelie nickte. »In dem Haus, wo ich mit meiner Mutter gewohnt habe, gab es auch Leute, die ich überhaupt nicht leiden konnte.«

»Eigentlich ist es hier so wie überall«, erklärte Katrin. »Es gibt Nette und weniger Nette...«

»Wie überall ist es nicht. Kinderdörfer sind anders«, widersprach Amelie.

Katrin sah sie erstaunt an.

»Na ja, weißt du...« Amelie überlegte. »Zuerst einmal sind in einer normalen Familie die Geschwister meistens richtige Geschwister, und einen Vater gibts ja auch. Aber vor allem ist da noch die Sache mit dem Geld. Meine Mutter und ich waren zum Beispiel arm. Sie hat immer gesagt, fast schlimmer als ihre Krankheit sei der Kampf mit den Ämtern um Sozialhilfe und so. Hier ist das ganz anders. Die Mütter mit ihren Familien wohnen in schönen Häusern. Für ihre Kinder haben sie immer Geld.«

»Also, *immer* ist übertrieben.« Katrins Stimme klang fast ein bisschen ärgerlich. »Mama spart wirklich, wo sie kann. Die Kinderdörfer, sagt sie, werden vor allem von Spenden getragen. Viele Leute, die selbst wenig haben, geben etwas. Gerade deshalb muss man mit diesem Geld sorgsam umgehen.«

»Ich meine ja nicht, dass das Geld hinausgeworfen wird«, entgegnete Amelie beschwichtigend. »Ich meine nur, dass hier manches einfacher ist als es zum Beispiel bei Mama und mir war.«

»Mag sein«, gab Katrin zu. »Aber das ist auch gerecht so, finde ich. Fast alle Kinder, die hier sind, haben etwas Schlimmes erlebt. Sonst wären sie ja nicht im Kinderdorf. Also sollen sie es jetzt gut haben.«

»So etwas Ähnliches hat Hermann Gmeiner, der die SOS-Kinderdörfer gegründet hat, auch gesagt.«

Katrin sah Amelie verblüfft an. »Seit wann beschäftigst du dich denn mit der Geschichte von den SOS-Kinderdörfern?«

Amelie lachte. »Seit meinem Hausaufsatz gestern.«

»Das hast du mir überhaupt nicht erzählt.«

»Konnte ich doch nicht. Wir haben uns ja zwei Tage lang nicht gesehen.«

»Stimmt. Wie wars denn eigentlich bei Evas Eltern auf dem Bauernhof? Ich freue mich schon, wenn wir in den Sommerferien alle zusammen hinfahren.«

»Schön«, sagte Amelie. »Aber auch traurig. Ich musste so viel an Mama denken. Minka, die getigerte Katze, hat Junge. Genau wie damals, als ich das letzte Mal mit Mama dort war. Wir hätten am liebsten eins mitgenommen, aber in unserer Wohnung waren keine Tiere erlaubt. Weißt du, ich habe viel mit Eva und ihren Eltern über Mama geredet. Erst gestern Abend zu Hause ist mir eingefallen, dass wir ja einen Hausaufsatz aufhaben. ›Nimm doch die Kinderdörfer‹, hat Eva gesagt. ›Es wird sowieso langsam Zeit, dass du weißt, wer sie gegründet hat.‹ Sie hat mir von Hermann Gmeiner erzählt und mir auch noch ein bisschen mit dem Aufsatz geholfen. Jetzt hätte sie dafür noch Zeit, hat sie gemeint. Später, mit fünf Kindern, wahrscheinlich nicht mehr.«

»Wisst ihr eigentlich schon, wer zu euch kommt und wann?«

»Nein. Am schönsten wäre es, wenn Eva und ich allein bleiben könnten.«

»Geschwister im Haus machen Spaß«, meinte Katrin. »Ohne sie könnte ich es mir gar nicht vorstellen.«

»Du bist von klein auf daran gewöhnt.« Amelie seufzte.

»Es gibt ja auch nette Kinder«, tröstete Katrin. »Zum Beispiel mich. Los, wir müssen rennen, sonst kommen wir wirklich zu spät.«

Aber die Eile war unnötig. Ihre Lehrerin war krank geworden und es dauerte ewig, bis endlich eine Vertretung kam. Und so fing Katrin an, Amelies Aufsatz zu lesen.

Hermann Gmeiner, der die SOS-Kinderdörfer gegründet hat, war noch ein junger Mann, als er aus dem Krieg zurückkam. Weil er als Soldat so viele Kranke und Verletzte gesehen hatte ohne helfen zu können, wollte er Arzt werden. Doch dann stieß er überall in seiner Heimat Österreich auf Kinder, die keine Eltern mehr hatten und niemanden, der sich um sie kümmerte. Da muss ich etwas tun, dachte er. Und ihm kam eine wunderbare Idee: Damals gab es nicht nur Kinder, die keine Eltern mehr hatten, sondern auch viele Frauen, die ihre Männer oder Freunde im Krieg verloren hatten. Wie wäre es, wenn diese Frauen heimatlose Kinder aufnehmen würden?, überlegte er. Manche Frauen, die er fragte, sagten ja – und wurden die ersten Kinderdorfmütter. Natürlich war es nach dem Krieg schwer, genügend Geld für ein Kinderdorf aufzutreiben. Aber Hermann Gmeiner schaffte es. Und heute gibt es SOS-Kinderdörfer auf der ganzen Welt in über 124 Ländern. Dort leben Tausende von Kindern zusammen mit ihren Kinderdorfmüttern. Zu den Kinderdörfern gehören Kindergärten, in manchen Ländern auch Schulen, Berufsbildungsstätten und Kliniken. Jedes Kinderdorf in Europa besteht aus zehn bis fünfzehn Häusern. In jedem Haus lebt eine Kinderdorfmutter mit ihren Kindern. Auch einen Dorfleiter oder eine Dorfleiterin gibt es. Die Dorfleiter stehen den Kinderdorfmüttern mit Rat und Tat zur Seite und vertreten die Dörfer allen offiziellen Stellen gegenüber wie Gemeinden oder Jugendämtern.

Auch ich wohne in einem SOS-Kinderdorf und es gefällt mir da. Ich möchte nicht mehr weg.

»Na, wie findest du meinen Aufsatz?«, fragte Amelie.

»Ein bisschen kurz.«

»Was hättest du denn noch geschrieben?«

»Zum Beispiel, dass die Kinderdorfmütter nach dem Krieg manchmal mehr als dreißig Kinder großgezogen haben. Das kann man sich gar nicht mehr vorstellen. Jetzt hat jede Mutter höchstens fünf oder sechs Kinder. Und wenn die groß sind, ist sie meistens noch jung genug um in ihren alten Beruf zurückzugehen. Mama zum Beispiel war früher Buchhändlerin. Später, wenn wir Großen alle aus dem Haus sind, möchte sie mit Peter wieder in die Stadt ziehen und halbtags in einer Buchhandlung arbeiten. Natürlich sucht sie eine Wohnung, wo auch Platz für uns ist, wenn wir sie besuchen wollen. Der Kinderdorfverein unterstützt sie dabei.«

»Pst«, flüsterte Amelie. »Da vorn steht schon unsere Vertretung.«

Eva war nicht da, als Amelie mittags nach Hause kam. Ein Zettel lag auf dem Esszimmertisch, darauf stand: *Ich bin mit Herrn Hecker in die Stadt gefahren und komme erst nachmittags oder gegen Abend zurück. Wir haben einen Termin beim Jugendamt. Cornelia hat für dich mitgekocht. Bis dann! Deine Eva.*

Ein neues Kind kommt! Dieser Gedanke schoss Amelie durch den Kopf. Denn warum sonst müsste Eva mit dem Dorfleiter zum Jugendamt?

Amelies Augen wanderten durchs Zimmer. Nichts mehr würde dann sein wie vorher. Nie mehr würde sie allein mit Eva hier im Wohnzimmer sitzen. Der Eindringling oder, wenn es ganz schlimm kam, die Eindringlinge, würden sich hier breit machen, würden hier lachen, am selben Tisch wie sie Hausaufgaben machen, essen – vielleicht sogar in ihrem Zimmer wohnen, zumindest dann, wenn ein Mädchen in ihrem Alter dabei war.

Keines Blickes werde ich sie würdigen, nahm sich Amelie vor. Niemand soll mich hier stören. Vertreiben werde ich sie!

Ohne dass Amelie es gemerkt hatte, war Katrin durch die offene Haustür ins Wohnzimmer gekommen.

»Bei uns gibt es Apfelstrudel«, rief sie. »Apfelstrudel mit Vanillesoße.«

»Du hast gut lachen.« Amelie war völlig niedergeschlagen. »Lies das hier!«

»Und?«

»Das kann doch nur bedeuten, dass wir Zuwachs kriegen, oder?«

»Irgendwann muss es sein, ob es dir gefällt oder nicht«, sagte Katrin. »Dann doch besser gleich.«

Selbst Peter, der Amelie sonst immer zum Lachen bringen konnte, verschoss sein Pulver umsonst, obgleich er die tollsten Faxen machte, wie ein Hahn krähte, die Augen verdrehte und mit den Armen wie mit Flügeln schlug. Nichts half.

Doch noch jemandem am Tisch ging es miserabel. Cornelia Hennig hatte rote Augen und sie putzte sich pausenlos die Nase. »Tut mir Leid«, sagte sie, »aber anscheinend habe ich jetzt eine Erkältung aufgeschnappt.«

Als Amelie und Katrin nach dem Essen zusammen Hausaufgaben machten, sagte Katrin nachdenklich: »Ich glaube nicht, dass Mama eine Grippe bekommt. Sie hat geweint und wollte das nicht zugeben. Vielleicht ist mit ihrem Vater etwas. Er ist seit langem krank.«

Doch plötzlich sah Amelie blankes Entsetzen in

Katrins Augen. »Vielleicht hat man Mama vom Jugendamt mitgeteilt, dass ich weg muss«, sagte sie. »Und sie will mich noch so lange wie möglich schonen.«

»Quatsch!« Amelie schüttelte den Kopf. »Sie hat doch geniest und gehustet. Du wirst ja langsam hysterisch. Erklär mir jetzt lieber mal diese Matheaufgabe.«

Ein folgenreiches Gespräch

Eva Rubin und Herr Hecker saßen im Besucherzimmer des Städtischen Kinderheims und warteten auf Hassan Nassrim.

Wie schnell das jetzt alles geht, dachte Eva. Am Morgen war sie vom Dorfleiter angerufen worden. »Frau Rubin«, hatte er gesagt, »gerade habe ich eine telefonische Anfrage vom Jugendamt bekommen. Es geht um einen zwölfjährigen Jungen palästinensischer Abstammung, Hassan Nassrim, dessen Eltern vor kurzem verunglückt sind. Die Eltern sind aus Jordanien eingewandert und hatten die deutsche Staatsbürgerschaft. Der Junge ist in Deutschland geboren und aufgewachsen. Soweit bekannt, hat Hassan keine Verwandten mehr. Das Jugendamt bittet uns ihn aufzunehmen. Vorübergehend ist er im Städtischen Kinderheim untergebracht. Dort können wir ihn besuchen. Der Junge soll sehr nett sein. Ich nehme an, Amelie könnte sich mit ihm anfreunden. Inzwischen macht sie einen stabilen Eindruck und hat sich im Dorf gut eingewöhnt. Könnten Sie es so einrichten, dass wir in etwa einer halben Stunde...«

»Ich kann es mir so einrichten«, antwortete Eva. »Cornelia Hennig hat bestimmt nichts dagegen, wenn Amelie bei ihr isst.«

Pünktlich dreißig Minuten später war Eva von Herrn Hecker abgeholt worden. Unterwegs im Wagen sagte sie: »Welch ein Schock für ein Kind, die Eltern zu verlieren.«

Herr Hecker nickte. »Hassan kommt übrigens aus guten und geordneten Verhältnissen. Sein Vater war Maschinenbauingenieur, seine Mutter – einiges jünger als ihr Mann – Übersetzerin bei derselben Firma.«

»Seit wann lebten sie denn in Deutschland?«, fragte Eva.

»Hassans Vater seit 1970, bei seiner Mutter weiß ich es nicht. Herr Nassrim ist als Student nach Deutschland gekommen und, soweit bekannt, nie mehr nach Jordanien zurückgekehrt, auch nicht besuchsweise. Zum Glück für Hassan beantragte sein Vater rechtzeitig die deutsche Staatsangehörigkeit.

Mit Sicherheit würde der Junge sonst nach Jordanien abgeschoben, obwohl er dieses Land nie gesehen hat und auch die Sprache nicht spricht. Wenigstens das bleibt ihm erspart.«

»Sagten Sie vorhin, Hassans Eltern seien nie nach Jordanien zurückgekehrt, nicht einmal um ihrem Sohn ihre Heimat zu zeigen?«

»Angeblich nicht. Ich nehme an, Näheres steht in der Akte, die beim Jugendamt liegt. Sie haben sich in Deutschland wohl gefühlt, aber nie viel über die alte Heimat gesprochen. Das haben Kollegen und Freunde erzählt.«

»Und bei Freunden seiner Eltern kann Hassan nicht bleiben?«, fragte Eva.

»Offenbar nicht. Herr Danner hat wohl mit mehreren gesprochen.«

»Herr Danner?«

»Der für uns zuständige Sozialpädagoge beim Jugendamt. Von ihm habe ich auch die ganzen Informationen. Herr Danner setzt sich sehr engagiert für jedes Kind ein, das ihm anvertraut wird – einfach ein Glücksfall! Leider ist er gesundheitlich recht angeschlagen. Letztes Jahr hatte er einen Herzinfarkt und wenn er so weitermacht wie bisher, wird der nächste nicht lange auf sich warten lassen. Das wäre nicht nur für ihn persönlich eine Katastrophe, sondern auch für seine Schutzbefohlenen.«

»Einen gleichwertigen Ersatz gibt es offenbar nicht für ihn?« Eva sah Herrn Hecker an.

»Nein. Der Jugendamtsleiter und Herrn Danners Stellvertreterin, Frau Gierlich, können sich meiner Meinung nach nicht genug in Kinder hineindenken. Der Jugendamtsleiter ist mit Verwaltungsaufgaben überlastet und Frau Gierlichs Vorstellungen von dem, was ein Kind braucht, sind zum Teil wirklich mehr als merkwürdig. Sie hat übrigens auch Robert auf dem Gewissen.«

»Von dieser schrecklichen Geschichte habe ich gehört.«

»Frau Gierlich ist der Meinung, dass die *leiblichen* Eltern für ein Kind grundsätzlich besser seien als eine noch so glückliche Kinderdorffamilie. Dieser sentimentalen Blutsbanden-Romantik ist Robert zum Opfer gefallen.« Herrn Heckers Stimme klang müde. »Allerdings – so eine Fehlentscheidung ist gottlob die große Ausnahme.«

»Der Himmel bewahre unsere Kinder vor weiteren derartigen Fehlentscheidungen!« Eva dachte an Katrin.

Herr Hecker sagte nichts, aber Eva sah sein angespanntes Gesicht. Es muss schrecklich für *alle* gewesen sein, überlegte sie. Für Robert, für seine Kinderdorfmutter, aber auch für ihn, den Leiter, der dieses Unglück nicht hatte verhindern können.

»Frau Rubin, was ich Ihnen vorhin noch sagen wollte: Herr Danner hat heute noch gefragt, ob wir eine dreiköpfige Geschwistergruppe aufnehmen können.«

»Denken Sie dabei an meine Familie?«

»Ja, denn nur bei Ihnen ist noch genug Platz. Leibliche Geschwister sollen ja zusammen bleiben.«

»Sie müssen sich nicht rechtfertigen«, sagte Eva. »Ich glaube nur, bevor meine Familie vergrößert wird, müsste man Hassan Zeit lassen sich bei uns zurechtzufinden. Auch Amelie braucht Zeit um sich an Hassan zu gewöhnen.«

»Diese Zeit hätten sie ja auch. Die drei Kinder, Halbgeschwister, sind noch bei ihrer Mutter, die allerdings nicht in der Lage ist ihren Nachwuchs auch nur annähernd so zu versorgen, wie es sein müsste.«

»Wie alt sind die Kinder?«, fragte Eva.

»Der Älteste, Markus, ist fünfzehn, seine Schwester Melanie fast sieben und die Jüngste, Beatrix, ist gerade drei. Jedes Kind hat einen anderen Vater. Also recht verworrene Verhältnisse.«

»Wäre es nicht sinnvoller die Mutter zu unterstützen, so dass sie ihre Kinder behalten kann?«

»Anscheinend hat sie daran kein Interesse.«

»Und wann müssten die Kinder aufgenommen werden?«

»Nach den großen Ferien. Sie sollen den Sommer über in einem Erholungsheim aufgepäppelt werden. Die Kinder sind nicht nur seelisch, sondern auch körperlich in einem miserablen Zustand.«

Mittlerweile fuhren sie bereits durch die Außenbezirke der Stadt, in der das Jugendamt war.

»Hier sind wir.« Herr Hecker deutete auf ein großes Gebäude. »Pünktlich wie die Uhr. Brauchen wir nur noch einen Parkplatz.« Der war nicht so leicht zu finden. Und als sie endlich einen hatten, mussten sie eine ordentliche Strecke zurücklaufen. Die vereinbarte Zeit war um zehn Minuten überschritten, als sie an die Tür klopften.

Hinter dem Schreibtisch saß nicht Herr Danner, sondern eine Frau mittleren Alters. Sie betrachtete die Eintretenden vorwurfsvoll mit kühlen, fast wimpernlosen Augen.

»Ich dachte, Sie hätten Ihren Termin um dreizehn Uhr«, sagte sie. »Irgendwann möchte auch ich zum Essen gehen.«

»Wir haben keinen Parkplatz gefunden«, erklärte Herr Hecker. »Und wir haben doch mit Herrn Danner einen Termin vereinbart.«

»Sie werden sich mit mir zufrieden geben müssen. Herr Danner ist heute am Schreibtisch zusammengebrochen. Verdacht auf einen zweiten Herzinfarkt. Kein Wunder, so wie er arbeitet. Es wird Monate dauern, bis er wieder ins Jugendamt zurückkommt, falls überhaupt.«

»Ich habe es befürchtet«, sagte Herr Hecker leise.

»Nun, trotz allem müssen wir weiterkommen. Bitte, setzen Sie sich.«

»Danke. Frau Gierlich, darf ich Ihnen Eva Rubin vorstellen, eine neue Kinderdorfmutter.«

»Angenehm.« Frau Gierlich nickte.

»Hassan Nassrim wird in Frau Rubins Familie kommen.«

»Heute früh war Herr Danner noch im Städtischen Kinderheim und hat mit Hassan gesprochen. Der Junge weiß also, dass Sie am frühen Nachmittag zu ihm kommen. Natürlich weiß auch die Heimleiterin Bescheid.«

»Danke.«

Frau Gierlich blätterte in einem schmalen Ordner, der vor ihr lag. »Bei Hassan Nassrim ist die Sache eindeutig. Seine Eltern sind tot, Verwandte gibt es offenbar nicht. Für eine Adoption ist er zu alt. In diesem Fall ist das Kinderdorf wohl die beste Möglichkeit. So klar wie hier sind die Verhältnisse nicht immer – keine Eltern, keine Verwandten, nichts. Wenn ich da an Robert denke ...«

»Sicher wissen Sie, dass er inzwischen wieder im Kinderdorf ist. Völlig verändert.«

»Damals habe ich nach bestem Wissen und Gewissen entschieden – nach Rücksprache mit unserem Jugendamtsleiter.«

»Eine Fehlentscheidung, an der Robert sein ganzes Leben lang zu tragen haben wird.« Herr Hecker seufzte, als er hinzufügte: »Ich hoffe, so etwas bleibt unseren Kindern in Zukunft erspart.«

»Vermutlich spielen Sie auf Katrin Wagenbecher an, oder? Von ihrer Mutter habe ich keinen schlechten Eindruck. Sie scheint ihr Leben jetzt im Griff zu haben.«

»Sie vergessen Katrin«, sagte Herr Hecker. »Das Mädchen hat ihre leibliche Mutter nur einmal gesehen, und das vor einigen Wochen. Sie möchte keinesfalls zu ihr. Sie war noch ein Baby, als sie zu uns kam. Ihre leibliche Mutter bedeutet ihr nichts.«

»Nun, auch leibliche Eltern haben Rechte, über die wir uns nicht einfach hinwegsetzen können.« Frau Gierlich lächelte. »Vorhin hat Frau Hennig angerufen. Sie wollte wissen, ob schon etwas entschieden sei.«

»Und was haben Sie ihr gesagt?«, fragte Herr Hecker.

»Das Gleiche wie Ihnen.« Frau Gierlich stand auf und gab damit zu verstehen, dass sie das Gespräch beenden wollte. »Was Hassan anbelangt, sprechen Sie sich bitte mit der Leiterin des Kinderheims ab. Auf Wiedersehen.«

Auf dem Gang sagte Herr Hecker: »Und Katrin bleibt im Kinderdorf. Das schwöre ich Ihnen!«

Die Familie vergrößert sich

Hassan Nassrim stand am Fenster des Aufenthaltsraums und sah auf die Blumenrabatten hinaus, die die Einfahrt zum Städtischen Kinderheim schmückten, ohne sie wirklich wahrzunehmen.

Vor ein paar Tagen hatte ihn die Polizei hierher ins Kinderheim gebracht. Nachts hatten sie ihn geweckt und ihm gesagt, dass seine Eltern auf dem Heimweg vom Kino bei einem Verkehrsunfall ums Leben gekommen waren. Seitdem träumte Hassan jede Nacht, dass seine Mutter und sein Vater lächelnd zur Tür hereinkämen. Und wenn er dann aufwachte, war er noch verzweifelter als vorher.

Hier im Kinderheim waren alle freundlich zu ihm. Man sprach mit ihm, man holte ihn zum Essen, er ging auch in die Schule, aber er hatte das Gefühl, es sei nicht er, der laufen, essen und antworten würde. Eine Person, die mit ihm nichts zu tun hatte.

Ein Wagen fuhr langsam die Einfahrt hinauf und hielt an den Parkplätzen. Ein Mann und eine Frau stiegen aus und gingen zum Eingang. Kurz darauf trat die Leiterin des Kinderheims zu Hassan ins Zimmer. Freundlich sagte sie: »Hassan, du hast Besuch. Frau Rubin und Herr Hecker vom Kinderdorf sind da.«

Ein Unmensch, der mit ihm nicht Mitleid hätte, dachte Eva, als sie Hassan zur Tür hereinkommen sah – einen schmalen Jungen mit bräunlicher Haut, einem Wust von schwarzen, lockigen Haaren und dunklen Augen, die so voller Kummer und Verzweiflung waren, dass sie aufstand und ihm den Arm um die Schultern legte. »Hassan«, sagte sie, »ich weiß, dass dich jetzt nichts trösten kann. Aber du sollst zumindest wissen, dass du in meiner Familie willkommen bist.«
»Setz dich zu uns, Hassan.« Herr Hecker deutete auf den Platz neben sich. »Wir möchten etwas mit dir besprechen.«

Hassan antwortete nicht und Herr Hecker fuhr fort: »Wenn du möchtest, kannst du nachher mit uns ins Kinderdorf Bergen fahren. Du musst natürlich nicht gleich dort bleiben. Wir bringen dich am Abend zurück, wenn dir das lieber ist.«

Hassan hob die Schulter und ließ sie wieder fallen. Und das sah so hoffnungslos aus, dass es Eva ins Herz schnitt.

»Die Fahrt ist nicht weit«, sagte sie zu dem Jungen. »Du schaust dir einfach unser Haus an und das Dorf. Dann hast du schon mal einen ersten Eindruck. Und du lernst gleich Amelie kennen, das erste Kind in meiner Familie. Amelie ist vor zwei Monaten ins Kinderdorf gekommen. Sie ist etwas jünger als du.«

Hassans Gesicht war nicht zu entnehmen, ob er irgend etwas von dem aufnahm, was Eva zu ihm sagte.

»Packen wir für alle Fälle das Nötigste zusammen«, schlug die Leiterin vor. Zu Eva Rubin und Herrn Hecker gewandt fügte sie hinzu: »Es ist nicht viel. Ein bisschen Wäsche und seine Gitarre. Alles andere ...«

»... ist zu Hause«, sagte Hassan. Und dann begann er zu weinen.

»Wusst ichs doch!« Amelie warf den Hörer auf die Gabel. Eva hatte angerufen und ihr mitgeteilt, dass sie einen Jungen namens Hassan mitbringen würde, der vor kurzem beide Eltern verloren hatte. Nun, mochte Eva sich um ihn kümmern. Sie selbst würde sich nicht mit ihm abgeben. Keinesfalls! Sie hatte einfach keine Lust dazu.

Warum musste Katrin gerade jetzt in der Gitarrenstunde sein! Wie nötig hätte sie sie gebraucht! Obwohl – sie wäre ihr heute vielleicht gar keine besondere Hilfe gewesen. Seit Cornelias Gespräch mit Frau Gierlich war sie überzeugt, dass es ihr so wie Robert ergehen würde, obwohl Cornelia gesagt hatte, nichts sei entschieden.

Doch daran mochte Amelie nicht auch noch denken. Probleme hatte sie im Moment selbst genug. Wenn meine Mutter noch da wäre, dachte sie, müsste ich mich nicht mit diesem fremden Jungen abgeben! Dieser Gedanke machte sie so traurig, dass ihr die Tränen kamen.

Einige Zeit später hörte sie, wie der Schlüssel im Schloss an der Haustür umgedreht wurde. Rasch wischte sie ihre Tränen ab.

Gleich darauf ertönte Evas Stimme: »Amelie, bist du da?«

Klar war sie da! Doch bevor sie sich entschließen konnte aufzustehen, kam Eva ins Zimmer. Behutsam, als ob er zerbrechlich wäre, schob sie einen schmalen Jungen vor sich her. Und zerbrechlich sah er wirklich aus, fand Amelie. Sein Gesicht unter den schwarzen Haaren war blass und tiefe Ringe lagen um seine dunklen, unglaublich traurigen Augen.

Als er so vor ihr stand, vergaß sie, dass sie ihn eigentlich keines Blickes hatte würdigen wollen. Sie streckte ihm die Hand entgegen. »Ich bin Amelie«, sagte sie.

»Hassan will sich noch überlegen, ob er diese Nacht lieber im Kinderheim verbringt«, sagte Eva.

Durch die offene Wohnzimmertür hatte Amelie draußen im Flur einen Kasten liegen sehen. »Spielst du Gitarre?«, fragte sie Hassan.

Ein Hauch von Leben zog über sein Gesicht. Er nickte.

»Da werden sich die Zwillinge aber freuen«, meinte Amelie. »Die suchen nämlich jemanden, der E-Gitarre spielt. Das ist doch eine, oder?«

Hassan nickte wieder.

»Die Zwillinge spielen Schlagzeug«, berichtete Amelie. »Sie wohnen im Haus nebenan und haben im Keller einen Raum, wo sie üben können. Wollen wir schnell mal rüber gehen? Dann kannst du Sebi, Christian und die andern gleich kennen lernen und dir den Musikraum ansehen.«

»Ja«, sagte Hassan. Scheu lächelte er Eva an, als er mit seiner Gitarre unterm Arm zusammen mit Amelie das Haus verließ.

Eva nahm Hassans Tasche, die noch im Flur stand, trug sie die Treppe hinauf und ging in das Zimmer, das Amelies gegenüber lag. Sie stellte die Tasche ab und machte das Fenster auf. Aus dem Keller des Nachbarhauses ertönte gedämpft das Schlagzeug der Zwillinge. Offenbar hatten sie die Tür offen gelassen. Dann, nach einer Weile, hörte Eva, zuerst zaghaft, dann immer kräftiger, die Klänge von Hassans Gitarre.

Aus dem Schrank im Flur holte Eva Bettwäsche. Sie überzog eine Decke und ein Kissen. »Ich denke, er bleibt hier«, sagte sie leise zu sich selbst. Gleich morgen holen wir seine Sachen von zu Hause, nahm sie sich vor. Das wird ihm das Eingewöhnen erleichtern. Dann ging sie hinunter und machte sich daran das Abendessen vorzubereiten.

Sommerfest und große Ferien

Das Sommerfest im Kinderdorf warf seine Schatten voraus. Die Theatergruppe probte jeden Dienstagabend unter Anleitung einer Dorfhelferin, die später unbedingt Schauspielerin werden wollte, das Märchen »Kalif Storch«. Es gab keine richtigen Kulissen, sondern mit einem Overheadprojektor wurden farbige Bilder auf eine große Leinwand geworfen. Dahinter sah man dann die Schauspieler als Schattenfiguren. Schon das Proben machte viel Spaß, fand Amelie. Sie war eine der Palasttänzerinnen des Sultans. Katrin war die Eule, die später wieder in ihre richtige Prinzessinengestalt zurückverwandelt wurde. Robert spielte ein Räuberkind, und zwar so wild und gruselig, dass einem angst und bange werden konnte.

Amelie und Katrin hatten noch eine weitere Aufgabe. Sie mussten den beiden Hauptdarstellern, dem Kalifen und seinem Wesir, die Storchenmasken überstreifen, sobald sie sich in Vögel verwandelten. Die beiden neigten gerade ihre Gesichter gegen Osten und riefen das Zauberwort *Mutabor*. Danach traten die Mädchen aus dem Lichtkegel heraus. Blitzschnell verpassten sie den beiden ihre langen Schnäbel.

»Ich würde mich auch gern verwandeln, am besten in einen unauffälligen Spatz«, erklärte Katrin, als der Kalif und sein Wesir als Störche davonstolzierten.

»Warum?«

»Weil ich dann unerkannt in die Stadt fliegen könnte um meine Mutter und ihren Typen zu belauschen.«

»Sei doch froh, dass du die beiden nicht siehst.«

»Bin ich auch. Aber ich möchte wissen, was los ist. Und warum sie unbedingt wollen, dass ich zu ihnen komme. Ich glaube, Mama sagt mir nicht alles.«

»Das bildest du dir ein«, meinte Amelie. »Und bis du ein Vogel wirst, kannst du lange warten. Ruf doch einfach mal bei denen an. Oder wir fahren zusammen in die Stadt. Ich kenne mich ja gut aus. Schließlich habe ich elf Jahre dort gewohnt.« Dann ging sie vor zur Leinwand, weil sie auftreten musste.

Ein Stockwerk tiefer übte die Band fürs Sommerfest. Nach ihrer Probe gingen Amelie und Katrin hinunter und hörten zu. Star der Band war Hassan.

Nach seinem Solo flüsterte Amelie: »Eva hat gesagt, es sei das Verdienst der Zwillinge mit ihrer Musik, dass sich Hassan so schnell gefangen hat.«

»Den Zwillingen tut Hassan auch gut. Die beiden ziehen sich gar nicht mehr so zurück wie früher. Und was ist mit dir? Bist du jetzt eigentlich froh darüber, dass Hassan bei euch ist?«, fragte Katrin.

Amelie nickte. »Er ist zwar unheimlich ruhig und nur, wenn er Gitarre spielt, wird er so richtig munter. Aber trotzdem ist es schön mit ihm. Er ist nie unfreundlich oder schlecht gelaunt. Und er fährt jetzt doch mit uns auf den Bauernhof. Zuerst wollte er zu Max fahren. Du weißt schon, sein Freund, der manchmal am Wochenende kommt. Hassans Eltern und die von Max waren auch befreundet. Aber jetzt hat er sich doch für den Bauernhof entschieden.«

»Siehst du!« Katrin sah Amelie triumphierend an. »Habe ich es dir nicht gleich gesagt, dass es mit Geschwistern schön ist?«

»Na ja, mal abwarten. Noch ist unsere Familie nicht komplett.«

»Und bevor das passiert, geht es erst einmal in die Ferien. Juhuuu!«

»Ich kann es kaum erwarten.« Amelie puffte Katrin freundschaftlich in die Seite. »Evas Mutter hat angerufen. Sie sagt, der See hat schon zweiundzwanzig Grad. Zwei Kühe kriegen Kälber, wenn wir dort sind. Und das kleine Haus, in dem früher Evas Großeltern gewohnt haben, ist für uns hergerichtet worden.«

»Babsi kommt übrigens auch ein paar Tage«, sagte Katrin. »Ich freue mich so. Zuerst sah es so aus, als würde sie keinen Urlaub kriegen.«

»Du warst doch letztes Jahr in den Sommerferien in dem großen Ferienlager, in dem sich Kinder aus den verschiedensten Dörfern treffen. Wie war das?«

»Eigentlich schön. Nur hatte ich furchtbar Heimweh nach Mama. Die Mütter sind nämlich nicht dabei. Die sollen während dieser Zeit richtig Urlaub machen.«

»Nächstes Jahr fahren wir zusammen dorthin. Gemeinsam sind wir stark.«

»Abgemacht!« Amelie konnte Katrins Stimme kaum verstehen, weil die Musik einsetzte.

Das Sommerfest wurde ein rauschender Erfolg. Diejenigen, die schon lange im Dorf waren, fanden sogar, es sei das schönste Fest überhaupt, vor allem wegen des Konzerts und der Theateraufführung.

Aber auch alles andere war gelungen. Weder vorher noch während des Festes hatte es auch nur einen Tropfen geregnet. Bei früheren Sommerfesten war manches dem Regen zum Opfer gefallen: die Dekoration, das Grillfeuer, das bereit gestellte Essen. Von der Stimmung ganz zu schweigen, als alle verzweifelt versuchten zu retten, was zu retten war.

Nein, bei diesem Sommerfest zeigte sich kein Wölkchen. Und bei der Aufführung des »Kalif Storch« waren selbst die Kleinsten mucksmäuschenstill. Am meisten beklatscht wurden die Palasttänzerinnen, die sich zu orientalischen Weisen der Band wiegten. Aber auch Katrin als Eule und der Kalif Storch und sein Wesir fanden großen Anklang. Kinder wie Erwachsene wollten nach dem Theaterstück die Masken aufprobieren. Stundenlang war Storchengeklapper und Eulengeschrei zu hören.

Der einzige Wermutstropfen war nach Meinung der meisten Mädchen im Kinderdorf, dass sich Florian mehr als ihnen lieb war für die theaterbesessene Familienhelferin interessierte.

»Findest du das nicht das Allerletzte?«, fragte Amelie empört Eva.

»Er ist doch schon zweiundzwanzig«, entgegnete Eva lachend. »Für euch sowieso viel zu alt.«

»Eigentlich wahr.« Amelie nickte und hakte sich bei Katrin unter. Sie schlenderten zu dem kleinen Podium, auf dem sich wieder die Band zusammenfand.

Dann spielte Hassan sein Solo. Als die letzten Akkorde verklungen waren und nach der Stille rauschender Beifall einsetzte, leuchteten seine Augen.

»Schau Hassan an!« Amelie puffte Katrin in die Seite. »Das erste Mal, seit er hier ist, sieht er richtig froh aus.«

Tags darauf wurden dann in den meisten Häusern die letzten Vorbereitungen für den Urlaub getroffen. Luftmatratzen, Federballschläger, Rucksäcke und Bücher stapelten sich in jeder Ecke. Auch Eva und Cornelia räumten und packten mit Unterstützung ihrer Kinder. Schließlich und endlich war alles in zwei Autos verstaut. Bei strahlendem Wetter erreichten die Familien den Hof von Evas Eltern.

»Wo wohnen wir, wo wohnen wir?«, rief Peter und rannte vom Wohnhaus in das frühere Austragshäusl der Großeltern und wieder zurück. Am liebsten hätte er sein Nachtlager auf der Weide bei den Kühen oder Schafen aufgeschlagen.

Der Bauernhof selbst stand auf einer kleinen Anhöhe, die einen großartigen Blick in die hügelige Landschaft bot. Nicht weit vom Haus entfernt streckte eine uralte Linde ihre Zweige in den Himmel. An ihrem Stamm lehnte eine Holzbank, auf der angeblich schon Evas Urahnen gesessen hatten.

Cornelia war vor Begeisterung genauso aus dem Häuschen wie ihre Kinder.

»Eva«, sagte sie, »hier ist es wie im Paradies. Und ein Wetter haben wir! Hoffentlich bleibt es so.«

Es blieb so strahlend, zumindest die ersten zwei Wochen. Fast täglich gingen die Kinder allein oder mit ihren Müttern hinunter zum Baden an den See, manchmal wanderten sie auch auf den einen oder anderen bewaldeten Hügel der Umgebung und picknickten dort. Stundenlang sahen sie den kleinen Katzen zu und passten auf, dass Peter sie nicht vor lauter Liebe erdrückte. Sie halfen beim Heumachen und Tiere füttern. Und als die beiden Kälbchen geboren waren, hätte Peter gern im Stall übernachtet.

Kinder und Erwachsene entdeckten ihre Leidenschaft fürs Bocciaspielen. Eva hatte Kugeln mitgebracht und mit Hilfe von Evas Vater bauten sie eine Bahn. Wechselnde Mannschaften spielten gegeneinander: Alt gegen Jung, Mädchen gegen Jungen, Haus Nummer drei gegen Haus Nummer zwei. Manchmal wurde heftig gestritten und man schwor sich ewige Rache. Doch eine halbe Stunde später war wieder das Klappern der Kugeln zu hören, wenn sie aufeinander prallten.

Babsi kam für vier Tage. Sie wurde verwöhnt, weil sie schon arbeitete und nicht mehr so viel Ferien wie ihre Geschwister hatte. Deshalb brauchte sie weder einzukaufen, noch aufzuräumen, zu kochen oder abzutrocknen. Katrin und Amelie verpasste sie auf Bitten und Drängen hin einen neuen Haarschnitt.

Am Abend, bevor Babsi wieder zurückmusste, beschlossen die »Großen« noch zum See hinunterzugehen. Peter durfte nicht mit, weshalb er fürchterlich krakeelte. Eva und Cornelia hatten ihre liebe Mühe ihn zu beruhigen.

Babsi, Katrin und die Zwillinge machten sich schon auf den Weg. Amelie und Hassan, die Küchendienst hatten, folgten kurze Zeit später. Der Mond stand am Himmel und beschien die friedlich wiederkäuenden Kühe auf ihrer Weide, Grillen zirpten und der Geruch von frisch geschnittenem Gras wehte durch die Nacht. Eine Weile gingen die beiden schweigend nebeneinander her.

Dann sagte Amelie leise: »Ich denke noch oft an zu Hause. Du auch?«

»Ja«, antwortete Hassan.

»Meinst du, Eva wäre traurig, wenn sie es wüsste?«

»Dass wir noch an unsere Eltern denken?«

»Ja.«

»Ich glaube, sie wäre traurig, wenn wir unsere Eltern einfach vergessen würden.«

»Stimmt.«

Beide hingen ihren Gedanken nach, dann sagte Amelie: »Eigentlich weiß ich fast nichts von dir. Du erzählst so wenig.«

»Das war schon immer so.« Hassan lachte. »Meine Mutter hat sich auch immer darüber beschwert.«

»Wie ist es eigentlich in dem Land, aus dem deine Eltern stammen?«, fragte Amelie.

»Jordanien? Ich war nie dort. Meine Mutter hat oft gesagt, wir würden bestimmt mal zusammen hinfahren.«

»Und warum seid ihr nicht gefahren?«

Hassan zuckte die Achseln. »Mein Vater hat fast nie über Jordanien gesprochen. Auch nicht darüber, warum sie damals nach Deutschland gegangen sind. Aber meine Mutter hat mir erzählt, dass sie aus Jordanien fliehen mussten. Allerdings kannten sich meine Eltern da noch nicht. Sie haben sich erst in Deutschland kennengelernt.«

»Warum sind sie geflohen? War da Krieg?«

»Krieg nicht, sondern ein Aufstand. Worum es genau ging, weiß ich auch nicht. Meine Eltern wollten es mir später mal genauer erklären, es sei alles so kompliziert. Jedenfalls mussten damals viele Palästinenser aus Jordanien fliehen. Meine Mutter sagt, auch solche, die gar nichts mit dem Aufstand zu tun hatten.«

»Und die Familien deiner Eltern, sind die auch in andere Länder geflüchtet?«

»Meine Großeltern sind dort geblieben«, sagte Hassan. »Aber sie sind schon lange tot. Von anderen Verwandten habe ich nie gehört.«

»Ich habe auch keine Verwandten«, sagte Amelie tröstend. »Meine Mutter hatte keine Geschwister. Und du weißt ja, meinen Vater kenne ich gar nicht.«

Beide schwiegen eine Weile. Dann wechselte Amelie das Thema.

»In Jordanien gibt es übrigens auch SOS-Kinderdörfer«, erzählte sie. »Das hat mir Eva gesagt, als ich vor ein paar Monaten einen Hausaufsatz über Kinderdörfer geschrieben habe.«

»Vielleicht sind die ja nach diesem Aufstand gegründet worden. Sicher haben da auch viele Kinder ihre Eltern verloren.«

»Interessiert es dich eigentlich gar nicht, wie es in Jordanien aussieht?«, fragte Amelie.

»Wie es dort aussieht, weiß ich ziemlich genau. Ich habe jede Menge Bilder gesehen. Aber meine Eltern meinten, einen echten Eindruck hätte man erst, wenn man durch die Landschaft geritten ist, wenn man am Roten Meer war, wenn man die Hitze gespürt und die Luft geatmet hat.«

»Hatten deine Eltern Heimweh nach Jordanien?«

»Ich glaube schon.«

»So viel wie heute hast du noch nie geredet.« Amelie sah Hassan anerkennend an.

Hassan lachte. »Weißt du«, sagte er, »es ist auch selten jemand so neugierig wie du.«

»Stimmt.« Auch Amelie lachte.

»Beeilt euch!«, ertönte Babsis Stimme durch die Nacht. »Es gibt ein Gewitter.«

Beim Schwimmen hörten sie bereits das Grummeln des Donners. Rasch kam das Unwetter näher. Gerade rechtzeitig vor dem großen Regen waren sie wieder im Haus.

Nach dem Gewitter schlug das Wetter um. Am nächsten Tag war es kühl und es regnete. Die Kinder beneideten Babsi fast ein bisschen, dass sie heimfahren konnte.

Beim Frühstück verkündete Eva, dass sie am Nachmittag zu einem Kinderheim in der Nähe fahren und dort Herrn Hecker treffen würde.

»Sag bloß, wir kriegen Zuwachs.« Amelie sah vom Teller hoch.

»Bisher ist noch nichts entschieden«, antwortete Eva.

»Das sagt Mama auch immer.« Katrin blickte zu Cornelia hinüber, der eine leichte Röte vom Hals hinauf bis ins Gesicht stieg.

»Ich würde so gern heimfahren und Musik machen«, brummte Sebi und trommelte mit seinem Messer auf den Tisch um seinem Wunsch Gehör zu verschaffen. Christian unterstützte ihn mit zwei Kaffeelöffeln.

»Und du, Hassan?«, fragte Sebi.

»Wenn das Wetter so bleibt ...« Hassan sah auf die Fensterscheiben, an denen der Regen herunterlief.

Peter warf seinen Kakao um, und schließlich und endlich gab es keinen mehr am Tisch, der nicht voller Schokoladenflecken war. Die Stimmung war gereizt. Selbst die beiden Mädchen stritten, weil Amelie sich bei Katrin über die zu erwartende drohende häusliche »Invasion« beklagte. Katrin meinte ihrerseits, Amelie brauche keine Extrawürste. Sie hätte sowieso bisher im Kinderdorf ein Leben wie der liebe Gott in Frankreich geführt. Ein Wort gab das andere. Die Mädchen waren immer noch beleidigt, als Eva von ihrem Treffen mit Herrn Hecker im Kindererholungsheim zurückkam.

»Na, erfolgreich gewesen?«, fragte Amelie spitz.

»Vielleicht«, antwortete Eva einsilbig. Der Nachmittag war anstrengend gewesen.

Als nach einem lautstarken und aggressiven

Mensch-ärgere-dich-nicht endlich alle Kinder im Bett verschwunden waren, sagte Eva zu Cornelia: »Ich weiß einfach nicht, was ich machen soll. Die drei Geschwister, die wir heute besucht haben, tun mir wirklich Leid. Aber ob ich mit ihnen klar komme, bezweifle ich. Vor allem Markus, der Fünfzehnjährige, ist mehr als schwierig. Im Erholungsheim sagte man uns, er würde alle tyrannisieren. Selten habe ich einen Jugendlichen gesehen, der so... Ich weiß gar nicht, wie ich mich ausdrücken soll.« Eva stockte.

»Hältst du ihn für boshaft?«, fragte Cornelia.

»Eigentlich ja. Aber dann habe ich gesehen – er hat sich unbeobachtet geglaubt –, wie er eine Katze gestreichelt hat. Ganz zart. Und mit seiner kleinen Schwester Trixi geht er auch gut um. Seine Schwester Melanie, genannt Molli, mag er allerdings nicht besonders. Die tyrannisiert er auch.«

»Wie sind die Mädchen?«

»Die Jüngste ist ein Wonnekloß. Sie haben sie im Erholungsheim richtig aufgepäppelt. Sie ist drei, wirkt aber höchstens wie eine Zweijährige. Und auch ihr Entwicklungsstand ist der einer Zweijährigen. Aber sie hat ein sonniges Gemüt und strahlt übers ganze Gesicht. Vielleicht passt sie ganz gut zu Peter.«

»Das wäre schön. Dann hätte Peter endlich in der Nachbarschaft jemanden in seinem Alter.«

»Molli ist kein besonders hübsches Kind«, fuhr Eva fort. »Sie ist zu dick, mampft alles in sich hinein, was ihr unter die Finger kommt. Sie ist ziemlich passiv – und doch könnte ich sie gern haben. Wenn sie lacht, ist sie hinreißend.«

Die beiden Frauen schwiegen. Dann sagte Cornelia: »Auch Babsi war ein Kind, das weder liebenswürdig noch hübsch war. Anfangs hatten wir es schwer miteinander. Und jetzt verstehen wir uns so gut.«

»Was soll ich tun?«, fragte Eva.

»Oft wachsen die Kräfte mit der Aufgabe«, antwortete Cornelia. »Wir werden ja in den Kinderdörfern mit Problemen auch nicht allein gelassen. Wir bekommen Unterstützung in jeder Hinsicht. Übrigens soll unsere neue Heilpädagogin eine sympathische und tüchtige Frau sein. Und mit einer Familienhelferin könntest du – zumindest was die Hausarbeit anbelangt – ganz gut über die Runden kommen.«

»Die Hausarbeit ist sicher das geringste Problem.« Eva seufzte.

Die beiden Frauen hingen ihren Gedanken nach. Dann sagte Eva: »Hassan hat heute Post bekommen. Er hat es nur mir und Amelie erzählt. Ein entfernter Onkel aus Jordanien hat ihm geschrieben. Es lebt also doch noch jemand aus seiner Verwandtschaft. Der Brief ist übrigens ausgesprochen nett.«

»Woher hatte er denn Hassans Adresse?«

»Er wollte Kontakt mit Hassans Vater aufnehmen, schreibt er, und hat sich schon vor längerer Zeit an die deutsche Botschaft in Amman gewandt. Er wusste, dass sein Cousin nach Deutschland gegangen ist. Aber die Auskunft kam zu spät. Man hat ihm mitgeteilt, dass der Sohn seines verstorbenen Cousins im Kinderdorf Bergen lebt. Er hat Hassan nach Jordanien eingeladen. Zum Glück war der Brief englisch und nicht arabisch abgefasst.«

»Und? Hat sich Hassan gefreut?«

»Ich glaube, er wusste nicht so recht, ob er sich freuen sollte. Wie dem auch sei, ich denke, dass es für Hassan wichtig ist die Heimat seiner Eltern kennen zu lernen. Na ja, mal sehen, was daraus wird. Jetzt gehe ich erst mal ins Bett.«

»Ich auch«, sagte Cornelia. »Der Tag hat es wirklich in sich gehabt.«

Schwieriger Familienzuwachs

Immer, wenn Amelie an die Ferien auf dem Bauernhof dachte, kam es ihr so vor, als ob dort pausenlos die Sonne geschienen und als ob sie alle zusammen von früh bis abends gelacht hätten. Was wirklich nicht stimmte. Denn in der dritten Woche hatte es nicht nur viel geregnet, sondern Katrin und sie gingen sich während dieser letzten acht Tage ziemlich auf den Geist. Und trotzdem war selbst diese Woche ein Honiglecken gewesen im Vergleich zu jetzt.

Mit dem Einzug von Markus, Molli und Trixi hatte die Misere angefangen. Die beiden kleinen

Mädchen gingen ja noch, fand Amelie, aber Markus hasste sie von der Sekunde an, da er zur Tür hereinkam. Mit den Worten: »Einsperren lass ich mich hier nicht!«, führte er sich ein, und als er einen Blick auf Hassan geworfen hatte, erklärte er: »Ausländer kotzen mich an!«

Hassans Gesicht war völlig ausdruckslos und Amelie zischte: »Glaubst du, du kotzt uns nicht an, du Fascho, du blöder?« Und das war der erste und letzte Satz, den sie bisher an ihn gerichtet hatte.

»Nein, mit dem rede ich kein Wort mehr«, sagte Amelie ein paar Wochen später, als Eva sie darum bat Geduld mit Markus zu haben. »Kein Mensch kann mich dazu zwingen.«

»Markus ist in seinem Leben bisher nur herumgestoßen worden«, sagte Eva. »Keiner wollte ihn, nicht einmal seine Mutter, von deren diversen Liebhabern ganz zu schweigen. Woher und von wem soll er denn gelernt haben sich normal zu benehmen? Von wem soll er gelernt haben nett zu sein oder jemandem zu zeigen, dass er ihn mag, wenn er bisher von keinem Menschen gemocht worden ist?«

»Es ist mir egal, was vorher mit ihm war. Hassan und ich haben auch einiges mitgemacht und trotzdem benehmen wir uns nicht so. Er ... er ...«, Amelie bekam vor Empörung eine ganz schrille Stimme, »er macht sich doch über uns lustig. Er verarscht uns alle. Neulich hat ja sogar Herr Hecker zu dir gesagt, er könnte verstehen, wenn du Markus nicht behalten wolltest.«

»Woher weißt du das?«

»Ich habe es zufällig gehört, als ich im Gemeindehaus auf Katrin gewartet habe. Die Tür von Herrn Heckers Zimmer war nur angelehnt. Da habe ich deine Stimme gehört und bin neugierig geworden. Natürlich dachte ich, jetzt würdest du diesen widerlichen Kerl sofort wegschicken. Aber nein, er ist immer noch da. Dafür steckt Hassan fast nur noch bei den Zwillingen. Und ich bin inzwischen auch lieber bei Katrin als zu Hause. Du wirst sehen, Markus macht alles kaputt. Der schafft das locker!« Amelie stampfte mit dem Fuß auf, so sauer war sie.

»Das SOS-Kinderdorf ist seine letzte Chance«, sagte Eva.

»Und die hat er sich selbst versaut.« Amelie war unversöhnlich. »Ich hoffe nur, dass er an Weihnachten endgültig fort ist.«

»Mit Sicherheit nicht«, entgegnete Eva. »Amelie, ich verstehe ja, dass du zornig bist«, fuhr sie fort. »Aber ich finde, du urteilst vorschnell. Markus ist noch keine acht Wochen da und du weißt jetzt schon ganz genau, dass es mit ihm nur bergab gehen kann und mit uns dazu.«

»Na ja, dann frohe Weihnachten«, murmelte Amelie.

»Im Kinderdorf hat Markus zumindest noch einen Menschen, an dem er hängt – seine kleine Schwester.

Wenn man ihn jetzt hier rausreißt, kann er leicht auf die schiefe Bahn kommen.«

»Du meinst Drogen oder Einbrüche und so?«

»Es reicht, wenn Markus zu klauen anfängt. Zum Gefängnis ist es dann nicht mehr weit. Und wenn er wieder herauskommt, hat er nichts, was ihn hält. Keine Familie, keine Freunde, kein Geld. Also wird er wieder mit dem Gesetz in Konflikt geraten. Ein ewiger Kreislauf.«

»So geht wenigstens nur einer drauf«, sagte Amelie. »Und das ist er. Wenn er bei uns bleibt, gehen wir alle drauf. Das weißt du genauso gut wie ich.«

Amelie drehte sich um und verließ die Küche, in der sie mit Eva einen Geburtstagskuchen gebacken hatte. Molli wurde sieben Jahre alt. Sieben kleine rote Kerzen steckten auf dem Kuchen.

Wahrscheinlich hat Amelie Recht, dachte Eva mutlos. Wie soll aus diesen unterschiedlichen Kindern eine Familie zusammenwachsen, wenn auch noch jemand wie Markus alles daransetzt, jede Anstrengung zunichte zu machen? In Gedanken ließ sie die letzten Wochen an sich vorbeiziehen. Auch für sie hatte sich die Zeitrechnung geändert. Es gab die Zeit vor und die Zeit mit Markus.

Von Anfang an hatte Markus keine Regeln akzeptiert und ihnen allen klar gemacht, dass er sich in die Hausgemeinschaft nicht einfügen würde und dass er sie alle zum Teufel wünschte – Trixi ausgenommen. Sein Zimmer, das schönste im Haus mit zwei Dachgauben und Blick über das Moor bis zur Hügelkette am Horizont bezeichnete er als »miese Bruchbude«, als »Abstellkammer auf dem Dachboden«. Er weigerte sich mit der Therapeutin zu sprechen und selbst der Dorfleiter, erfahren im Umgang mit schwierigen Kindern, kam nicht an ihn heran.

So wie Markus von seinem Zimmer sprach, ging er auch damit um. Im ganzen Haus knallte er die Türen und Fenster zu, so dass bereits zwei Scheiben zerbrochen waren. Mit Schuhen voller Lehm und Dreck stampfte er durchs Haus und lehnte es ab den Schmutz, den er hereingetragen hatte, auch wieder zu entfernen. »Weiberarbeit!«, dröhnte er. Er rülpste bei Tisch, so dass allen der Appetit verging, nahm sich immer das Beste und verzehrte es dann schmatzend. Er machte keine Hausaufgaben, nannte alle Lehrer Deppen und brüstete sich auch noch mit seinen miserablen Noten.

Wenn er sich so benahm – und so benahm er sich fast immer –, war Evas Geduldsfaden am Zerreißen. Aber wenn sie dann sah, wie Markus mit seiner kleinen Schwester spielte, sie manchmal fütterte und dabei selten ungeduldig wurde, schöpfte sie immer wieder Hoffnung.

Molli allerdings hätte es ohne Markus leichter gehabt. Eva seufzte, als sie daran dachte, wie sehr er ihr Trixi vorzog. Molli litt darunter, und je weniger sie der große Bruder beachtete, desto mehr Essen stopfte sie in sich hinein. Sie war kugelrund und wurde deswegen in der Schule gehänselt. Trotzdem ging sie gern hin. Inzwischen – Molli war in der ersten Klasse – konnte sie schon ein bisschen lesen. Oft verzog sie sich mit einem Buch in die Sofaecke. Ihr rundes Gesicht war rot vor Eifer, wenn sie wieder eine Seite entziffert hatte. Dann kam sie zu Eva, zu der sie immer mehr Vertrauen fasste, und las ihr vor. Auch Hassan und Amelie hätte sie gern ab und zu vorgelesen. Eva hatte oft gesehen, wie Molli die beiden ansah, wenn sie sich unbeobachtet glaubte. Aber sie traute sich nicht, wahrscheinlich aus Angst vor Markus. Oder sie dachte, dass Hassan und Amelie sowieso Trixi lieber mochten. Alle mochten Trixi lieber. Wenn sie jemanden anlachte und die Ärmchen ausstreckte, konnte ihr wirklich kein Mensch widerstehen. Molli schien sich damit abgefunden zu haben, dass niemand sie beachtete. An ihrem Geburtstag sollte sie im Mittelpunkt stehen, nahm sich Eva vor.

Molli verliebt sich

Amelie war nach ihrem Gespräch mit Eva zu Katrin hinübergegangen. »Stell dir vor, Markus bleibt«, klagte sie Katrin ihr Leid.

Auch Katrin konnte Markus nicht leiden, vor allem, weil er immer dazwischenfunkte, wenn Peter und Trixi zusammen spielen wollten. Markus wachte eifersüchtig über seine kleine Schwester. Und der arme Peter hatte das Nachsehen, was umso schlimmer war, als er sich auch noch Hals über Kopf in Trixi verliebt hatte.

»Auf Dauer bleibt Markus bestimmt nicht. Es sei denn, er ändert sich total.«

»Du wirst sehen: Markus ändert sich nicht und bleibt doch«, sagte Amelie düster. »Na, ich bin gespannt, wie er sich nachher bei Mollis Geburtstag aufführt. Ist Hassan eigentlich bei euch? Ich soll ihn nämlich holen. Er denkt bestimmt nicht mehr an den Geburtstagskaffee.«

»Er ist mit den Zwillingen im Keller. Bis später.«

Als Amelie mit Hassan zurückging, sagte er: »Heute kam von meinem Onkel aus Jordanien wieder ein Brief. Ob ich nicht während der Weihnachtsferien kommen möchte, schreibt er. Er würde mir auch die Reise bezahlen und alles.«

»Und?«

»Ich möchte schon. Aber ich weiß nicht, ob ich darf. Ich bin ja erst dreizehn und niemand kennt meinen Onkel. Ich ja auch nicht.«

»Komm aber bloß wieder zurück, falls du fährst!« Amelie drohte Hassan mit erhobenem Zeigefinger. »Nicht, dass ich zum Schluß allein mit Markus und den beiden kleinen Gören dasitze.«

»Ich überlegs mir«, meinte Hassan lachend. Aber Amelie spürte, dass er jetzt, wo es bei ihnen so ungemütlich geworden war, mit diesem Gedanken spielte.

Eva hatte Mollis Platz mit Efeuranken umkränzt und ihren Teller mit einer kleinen roten Rose geschmückt. Rechts und links daneben lagen die Geschenke: Buntstifte, das Spiel »Eile mit Weile«, ein Buch, ein kleines weißes Plüsch-Schaf und ein Pullover in Altrosa – Mollis Lieblingsfarbe. Und als Krönung gab es noch nagelneue Rollschuhe.

Strahlend stand Molli vor dem Tisch. Sie konnte kaum fassen, dass Eva extra für *sie* eine so herrliche Geburtstagstafel gerichtet und eine so wunderbare Torte gebacken hatte, auf der auch noch sieben brennende Kerzen steckten und in deren Mitte mit Zuckerguß *Molli* stand.

»Zum Geburtstag viel Glück«, sang die ganze Familie und sogar Markus brummte ein bisschen mit. Jeder bekam ein Stück von der Torte, der mittlere Teil allerdings, auf dem *Molli* stand, wurde für das Geburtstagskind herausgeschnitten und zur Seite gestellt. Gut gelaunt machten sich alle über den Kuchen her.

Eva lächelte. Gelungen, dachte sie. Mollis Geburtstag ist richtig schön.

In diese heitere Stimmung hinein sagte Markus: »Molli, du bist doch sowieso zu fett. Lass mal das Tortenstück mit deinem Namen rüberwachsen.« Schon griff er danach.

Da langte Amelie über den Tisch und riss Markus den Teller weg. »Du widerlicher Typ!«, schrie sie. »Das ist nicht dein Kuchen!«

Bleich vor Wut sprang Markus auf und schlug Amelie mitten ins Gesicht. »Eingebildetes Luder!«, brüllte er. »Dich krieg ich auch noch klein. Du glaubst wohl, du bist was Besseres. Ich hau ab! Und

Trixi nehm ich mit. Den Fettkloß könnt ihr behalten.«
Er zog Trixi vom Stuhl.

»Das wirst du nicht tun!« Eva nahm Trixi auf den Arm. Ihre Stimme war gefährlich ruhig. »Raus, ab in dein Zimmer! Wir sprechen uns später.«

Markus stürmte die Treppe hoch, polterte kurz darauf wieder herunter und knallte dann die Haustür dermaßen hinter sich zu, dass die Scheiben klirrten.

Auf Amelies Backe waren alle fünf Finger von Markus' Hand zu sehen. Wutentbrannt stürzte sie zum Fenster, riss es auf und brüllte hinter ihm her: »Das zahl ich dir heim! Lass dich bloß nicht wieder hier blicken.«

Starr vor Schreck sah Trixi von einem zum anderen. Molli hatte die Arme auf den Tisch gelegt und weinte zum Gotterbarmen. »Mich will er nicht mitnehmen, wenn er fortgeht«, schluchzte sie.

»Dann bleibst du einfach bei uns«, sagte Hassan. »Schau, Trixi ist ja auch noch da. Und weißt du was? Jetzt weihen wir zusammen dein neues Spiel ein. Trixi kann für uns würfeln.«

Ein paar Mal schluchzte Molli noch. Aber schon wenige Minuten später, als Eva das Zimmer verließ um Herrn Hecker mitzuteilen, was vorgefallen war, lagen die Kinder einträchtig auf dem Teppich und spielten.

Markus kam weder am Nachmittag noch am Abend zurück. Bis spät in die Nacht hinein wartete Eva auf ihn. Die Tür zum Fahrradkeller hatte sie offen gelassen, damit er jederzeit ins Haus konnte. Immer wieder glaubte sie Schritte zu hören. Aber es war nur der Wind, der alles Mögliche am Haus zum Klappern brachte.

Am nächsten Morgen war Markus noch immer verschwunden.

»Richtig angenehm ist es heute beim Frühstück«, sagte Amelie zu Hassan.

»Wegen Trixi tut es mir Leid, dass er nicht mehr da ist. Dreimal hat sie heute schon nach ihm gefragt.«

Molli fragte nicht nach Markus. In ihrem neuen Pullover und mit dem kleinen weißen Schaf in der rechten und einer Tüte mit den neuen Rollschuhen in der linken Hand machte sie sich auf den Weg zum Gemeindehaus. Von dort wurden die ABC-Schützen von Florian mit dem Bus in die Schule gefahren.

Kurz nach Molli ging Hassan aus dem Haus. Meistens radelte er mit den Zwillingen zur Schule, diesmal nicht, weil er noch bei einem Freund Noten für die Probe der Band am Nachmittag holen wollte.

Amelie und Katrin zogen wie immer gemeinsam los. Gesprächsthema war Markus.

»Ich möchte nur wissen, wo er hingegangen ist«, sagte Katrin. »Er ist wirklich wie vom Erdboden verschwunden.«

»Na ja, die Erde ist groß«, meinte Amelie. »Und man kann an allen Ecken und Enden verschwinden. Aber ich glaube, er ist bei seiner Mutter. Von mir aus kann er dort auch bleiben. Er hat ja oft genug gesagt, dass es bei ihr besser war als bei uns.«

»Das redet er doch nur so daher«, meinte Katrin. »Ich wette, er ist nur deshalb abgehauen, weil er Angst hatte, dass er in ein Erziehungsheim kommt. Vielleicht ist er auch in der Stadt. Er hat mir erzählt, dass er sich früher immer mit irgendwelchen Typen getroffen hat. Die würden alle gegen die Polizei zusammenhalten und sich gegenseitig helfen, hat er gesagt. Niemand würde den andern verraten.«

»Wieso erzählt er dir so was?«

»Ach, ich weiß auch nicht, wie wir draufgekommen sind«, antwortete Katrin ausweichend.

»Na ja«, Amelie zuckte die Schultern, »ist ja auch egal. Hauptsache, er ist nicht bei uns.«

Inzwischen radelte Hassan mit den Noten in der Tasche zum Einstein-Gymnasium. Sein Weg führte an der Grundschule vorbei. Direkt davor sah er Molli stehen, umringt von mehreren Kindern. Ängstlich drückte sie ihr kleines weißes Schaf an sich. Hassan lehnte sein Rad an den nächsten Baum und ging auf die Gruppe zu, ohne dass ihn jemand bemerkte.

Höhnisch zeigte ein Junge auf Molli. »Na, Fettsack«, rief er, »was hast du denn in deiner Tüte? Rollschuhe? Ha, Ha! Ein Schwein auf Rädern! Und der schweinchenrosa Pullover passt dazu. Nur der Dreck fehlt noch.« Er gab Molli einen Stoß. Sie stolperte und stieß einen anderen Jungen an.

»Iiiiigiiit, jetzt hab ich einen Fettfleck auf meinem frisch gewaschenen Anorak«, kreischte der und trat Molli ans Schienbein.

Molli schrie auf und fiel hin.

Blitzschnell war Hassan bei der Gruppe. »Ihr rührt euch nicht von der Stelle, bis ich es euch erlaube!«, sagte er so drohend, dass niemand wagte wegzulaufen. Dann hob er Molli auf.

Dicke Tränen rannen ihr übers Gesicht und vermischten sich mit dem Staub, in den sie gefallen war.

»Wir wischen erst einmal deine Tränen ab«, tröstete er sie und holte ein Taschentuch aus der Jackentasche. »So. Und jetzt kommt ihr dran.« Er wandte sich Mollis Peinigern zu. »Ich hätte große Lust euch zu verdreschen«, sagte er. »Aber ich tue es nicht. Und warum nicht? Antwortet!«

»Weil du nicht so gemein bist wie wir«, antwortete einer von ihnen.

»Genau.« Hassan nickte. »Und noch was: Wer Molli noch einmal ärgert, dem geht es an den Kragen! Und dann tut es weh. Verlasst euch drauf. Und jetzt haut ab!«

Die Kinder gaben Fersengeld.

»Die tun mir nichts mehr.« Molli schob vertrauensvoll ihre verschwitzte und schmutzige Hand in Hassans.

»Das will ich hoffen! Aber vorsichtshalber schaue ich ab und zu bei deiner Schule vorbei. Und mit dir übe ich Rollschuh fahren. Sobald du es richtig gut kannst, zeigst *du* diesen Schafsköpfen, wie es geht.«

Beim Mittagessen erzählte Hassan von Mollis schrecklichen Erlebnissen. Er war noch immer ganz aufgebracht. »Stellt euch vor, zu viert haben sie Molli fertig gemacht.«

»Aber dann ist Hassan gekommen.« Bewundernd sah ihn Molli an. »Und dann waren sie nett zu mir. In der Pause wollten sogar alle mein Schaf streicheln. Niemand hat mehr über mich gelacht.« Ihre Stimme überschlug sich geradezu vor Begeisterung. »Hassan zeigt mir, wie man richtig Rollschuh fährt. Und von mir aus kann Markus Trixi mitnehmen. Ich bleibe bei euch!«

Später, als er mit Eva allein in der Küche war, fragte Hassan: »Hast du was von Markus gehört? Vor den Kleinen wollte ich nicht fragen.«

Eva schüttelte den Kopf. »Herr Hecker hat die Polizei benachrichtigt. Ich mache mir große Sorgen. Aber sag mal, Hassan«, Eva sah ihn forschend an, »dich drückt doch auch irgendwo der Schuh, oder?«

»Stimmt. Gestern wollte ich nicht mehr damit anfangen. Es geht um den Brief von meinem Onkel ...«

»Ach, an den Brief habe ich gar nicht mehr gedacht!«

»Also, mein Onkel hätte gern, dass ich Weihnachten nach Jordanien komme. Er würde den Flug zahlen und alles. Ich würde ihn gern besuchen, aber ich weiß nicht, ob ich darf.«

»Das muss ich mir erst durch den Kopf gehen lassen«, antwortete Eva. »Ich fände es allerdings schade, wenn du an Weihnachten nicht da wärst.«

»Ich könnte doch erst nach den Feiertagen fahren«, schlug Hassan vor. »Wir haben ja diesmal drei Wochen Ferien.«

Er hat sich schon alles genau überlegt, dachte Eva. Noch vor ein paar Tagen wäre ich sicher gewesen, dass er einfach weg will. Heute sehe ich das anders. Ich glaube, er hängt doch an uns. Vor allem an Molli und Amelie. Laut sagte sie: »Wir besprechen die Sache am besten zu dritt mit Herrn Hecker. Ein paar Tage hat es ja noch Zeit.«

Was wird mit Markus?

Eva hatte Amelie gebeten sich den Nachmittag über um Trixi zu kümmern, weil sie und Herr Hecker wegen Markus zum Jugendamt mussten.

Trixi weinte, als sie aufwachte. »Markus?«, fragte sie. »Wo ist Markus?«

Amelie hob die Kleine aus ihrem Bettchen und versuchte sie zu trösten. »Markus kommt wieder«, sagte sie.

»Kommt wieder?« Trixi sah Amelie fragend an.

»Wahrscheinlich«, antwortete Amelie. Zum Schluss muss ich mir wegen Trixi auch noch wünschen, dass Markus wieder auftaucht, dachte sie.

»Trixi, wo ist dein Topf?« Amelie sah Trixi streng an. »Ich habe nämlich keine Lust dich zu wickeln. Du bist langsam zu groß für Windeln.«

Trixi machte sich auf die Suche. Strahlend kam sie mit dem Topf zurück.

»So, jetzt setz dich drauf«, befahl Amelie. »Und wenn es klappt, gehen wir nachher zu Peter.« Und wenn es nicht klappt, gehen wir auch, dachte sie. Aber das brauchte Trixi ja nicht zu wissen.

Trixi war erfolgreich. »Eva findet immer noch, du hättest ein Recht auf deine Windeln, aber ich finde das nicht«, erklärte Amelie. »Sie verwöhnt dich zu sehr. Wenn sie heimkommt zeigen wir ihr, dass du die Dinger gar nicht mehr brauchst.«

Es läutete. Katrin stand mit Peter vor der Tür. »Nachdem Markus nicht mehr da ist«, flüsterte sie Amelie kichernd ins Ohr, »können wir Peter und Trixi zusammen ausgehen lassen. Komm, wir begleiten die beiden zum Spielplatz.«

»Die gleiche Idee hatte ich auch.«

»Wir werden den Zwillingen immer ähnlicher«, meinte Katrin. »Da weiß angeblich immer einer vom andern, was er gerade will.«

Gegen Abend kam Eva zurück.

»Und?«, fragte Amelie. »Gibts was Neues?« Aus Rücksicht auf die beiden Kleinen erwähnte sie den Namen Markus nicht. Eva bemerkte es und freute sich darüber.

»Nein«, antwortete sie. »Nichts Wesentliches.«

Später dann, als die Kleinen im Bett waren, sagte Eva: »Wahrscheinlich hat Markus seine Mutter nicht gefunden. Sie ist mit unbekanntem Wohnsitz verzogen. Hoffentlich irrt er bei der Kälte nicht draußen herum und holt sich weiß der Himmel was.«

»Unkraut vergeht nicht«, meinte Amelie. Aber diesmal sagte sie es nicht gehässig, sondern der Satz war eher als Beruhigung für Eva gedacht.

Am fünften Tag nach Markus' Verschwinden hörte Eva gegen Mitternacht etwas, das wie trockener Husten klang. Sie stand auf und ging durch die Diele zur Tür, die zum Keller führte. Sie machte sie auf und lauschte. Alles war still.

»Ist da jemand?«, rief sie hinunter.

»Ja, ich«, ertönte aus der Waschküche die heisere Stimme von Markus. Er hockte auf einem Berg ungewaschener Wäsche. Den Kopf hatte er auf die Knie gelegt. Er sah nicht auf, als Eva hereinkam.

»Markus!« Eva ging auf ihn zu und zog ihn hoch. Und dann nahm sie den großen Kerl in den Arm. Aber nur ganz kurz. »Schön, dass du wieder da bist«, sagte sie.

»Aber ihr schickt mich doch wieder weg, oder?«

»Du bleibst bei uns«, sagte Eva. »Hier ist dein Platz. Aber es muss sich einiges ändern. Darüber reden wir morgen. Jetzt gehen wir erst mal in die Küche und ich mache dir was zu essen und einen Tee mit Honig. Du brauchst was Heißes. Komm!«

Als Markus seinen Tee getrunken und die Reste vom Mittagessen heißhungrig verschlungen hatte, sagte er: »Ich will gar nicht immer so gemein sein. Aber manchmal kann ich einfach nichts dagegen machen.«

»Aber sicher kannst du was dagegen machen«, entgegnete Eva. »Du weißt doch selbst, wie weh es tut, wenn man gekränkt wird. Wenn du dir das klar machst, wirst du andere bestimmt nicht mehr so leicht beleidigen.«

»Aber Amelie beleidigt mich immerzu«, beschwerte er sich. »Sie schaut mich an, als wäre ich ein räudiger Hund.«

»Amelie ist nicht besonders nett zu dir«, gab ihm Eva Recht. »Aber schuldlos daran bist auch du nicht.«

»Was soll ich denn nur machen, damit es besser wird?« Markus sah Eva verzweifelt an.

»Als kleinen Anfang könntest du zum Beispiel morgen mit Amelie die Küche sauber machen ohne dich lauthals darüber zu beschweren. Du kannst deine Schuhe ausziehen, wenn du von draußen hereinkommst. Und wenn das klappt, denken wir uns was Neues aus. Einverstanden?«

Markus nickte. Dann sprudelte es aus ihm heraus: »Ich bin so froh, dass ich wieder da bin! Es war der reinste Horrortrip. Zuerst bin ich per Autostop in die Stadt gefahren und zu unserer alten Wohnung gelaufen. Aber da sind jetzt andere Leute drin.«

»Und?«, fragte Eva, als Markus nicht weitersprach.

»Die haben mich gar nicht in die Wohnung gelassen. Vor allem der Typ, der mir aufgemacht hat, war richtig fies. Die Frau, die dann noch zur Tür kam, war nicht ganz so schlimm. Sie hat mir auch gesagt, wo meine Mutter ist.« Mit einem Seufzer schob er seinen Teller zur Seite und vergrub seinen Kopf in die Arme. »Meine Mutter hat keine richtige Wohnung mehr«, stieß er hervor. »Sie haust jetzt in einem Kellerloch. Sie wollte mich gar nicht mehr sehen. Ich glaube, sie hat sich geschämt. Der Kerl, der ne Zeitlang bei ihr war, hat sie verlassen. Sie bringt sich um, hat sie gesagt. Das Leben ist aus für sie, hat sie gesagt. Sie hat nicht einmal gefragt, wie es uns geht...«

Eva strich ihm über den Rücken. »Das tut mir Leid«, sagte sie. »Ich will darüber nachdenken, wie wir deiner Mutter helfen können. Vielleicht weiß Herr Hecker einen Rat.«

»Meinst du, der Dorfleiter lässt mich nicht gleich in ein Erziehungsheim einweisen, wenn er mich sieht?«

»Nein. Bestimmt nicht.«

»Willst du noch hören, wie es weitergegangen ist?«

Eva nickte.

»Von meiner Mutter aus bin ich zu einem Treff gegangen, den ich von früher kenne. Aber von den Leuten, mit denen ich befreundet war, sind keine mehr da. Die sind jetzt angeblich in Berlin. Mit den andern gabs dann nach ein paar Tagen Zoff. Sie haben mir mein letztes Geld geklaut und mich zusammengeschlagen. Da bin ich mit dem Bus zurück nach Bergen gefahren. Schwarz. Ich hatte wahnsinnige Angst, daß mich ein Kontrolleur schnappt. Aber es kam keiner. Von Bergen bin ich dann am Kinderdorf vorbei bis zum Moor gelaufen. Dort habe ich mich in einem Heustadel versteckt. Durch eine Ritze habe ich unser Haus und sogar mein Fenster sehen können. Aber zurückgetraut habe ich mich erst vorhin, als ich vor Hunger fast umgefallen bin. Am Moor ist es nachts auch furchtbar gruselig. Wenn nicht die kleine schwarze Katze gewesen wäre … Ich habe sie Moorchen getauft. Nach dem Moor. Wenn der Winter kommt, findet sie sicher nichts mehr zu fressen und verhungert. Sie gehört niemandem.« Markus sah Eva flehend an.

»Das können wir nicht zulassen«, sagte Eva. »Morgen Vormittag, wenn die andern in der Schule sind, holen wir das Kätzchen. Was glaubst du, wie alle staunen werden, wenn sie mittags nicht nur dich, sondern auch eine neue Hausgenossin antreffen.«

»Kann ich morgen zu Hause bleiben?«

»Ja. Du schläfst dich erst mal aus. Dann kümmern wir uns nicht nur um die Katze, sondern auch um deinen Husten.«

Markus fielen fast die Augen zu. Schon halb im Schlaf murmelte er: »Kann Moorchen dann bei mir oben wohnen?«

»Das muss sie selbst entscheiden«, meinte Eva.

Eva hatte Recht. Das Staunen nahm kein Ende, als nicht nur Markus wieder bei Tisch saß, sondern auch eine schwarze Katze unter dem Sofa hervorguckte. Bald wurde sie zutraulich und verteilte zumindest tagsüber ihre Liebe gleichmäßig auf alle im Haus. Nachts aber schlief sie im Zimmer von Markus.

Molli fand das nicht in Ordnung und beschwerte sich darüber bitter bei Hassan.

»Aber Molli, Markus hat die Katze ja schließlich gerettet«, beschwichtigte sie Hassan. »Ich fände es sogar undankbar von ihr, wenn sie ihn nicht ein bisschen lieber hätte als uns.«

Damit gab sich dann auch Molli zufrieden.

Der Onkel aus Jordanien

Draußen fiel der erste Schnee. Drinnen, in Amelies Zimmer, war es dafür umso gemütlicher. Katrin und Amelie bastelten Weihnachtsgeschenke. Auf der Heizung saß Moorchen und sah zu, wie die Beiden aus Ton kleine Figuren formten – Tiere und Menschen für Peters Ritterburg und Trixis Bauernhof. Speziell für Hassan machte Amelie noch ein wunderhübsches Kamel – sozusagen als Talisman für seine Reise nach Jordanien. Brennen durften sie die Sachen im Brennofen der Schule. Ihre Werklehrerin hatte es ihnen erlaubt.

»Benimmt sich Markus jetzt eigentlich besser?«

Katrin sah von einem Ritter auf, an dem sie arbeitete.

Amelie überlegte. »Ein bisschen. Immerhin hat er gestern ohne Meckern die Küche aufgeräumt. Und schließlich hat er uns ja Moorchen gebracht.« Zärtlich betrachtete Amelie die Katze.

»Was haben eigentlich Molli und Trixi gesagt, als er plötzlich wieder da war?«

»Molli hat so getan, als ob sie ihn gar nicht sehen würde. Na ja, sie hat sowieso nur noch Augen für Hassan. Und weißt du was? Jetzt bemüht sich Markus direkt um sie. Komisch, was?«

»Das ist immer so.« Katrin nickte weise.

»Aber Trixi hat sich gefreut, als sie Markus gesehen hat. Trotzdem will sie ihr Frühstücksbrot seit neuestem lieber von mir gestrichen haben.«

»Heute ist Markus sogar mit Hassan und den Zwillingen in die Schule geradelt«, berichtete Katrin. »Sie haben ihn gefragt, ob er mitfahren will.«

»Hassan war sowieso in bester Stimmung. Wahrscheinlich, weil heute sein Onkel kommt. Der hat geschäftlich in Italien zu tun. Und so weit ist es von da aus ja nicht mehr zu uns. Eva und Herr Hecker wollen ihn kennen lernen. Sonst darf Hassan nicht nach Jordanien fahren.«

»Ist auch richtig so. Da könnte ja jeder kommen und behaupten, er sei irgendein harmloser Verwandter«, meinte Katrin. »Und hinterher entpuppt er sich als Monster.«

»Glaubst du, er hat einen Kaftan an und einen Fez auf dem Kopf?«

»So wie der Kalif Storch in unserem Spiel?«

»Ja, so ähnlich. Weißt du noch, wie du damals gesagt hast, du wärst gern ein Vogel, damit du deine Mutter und ihren Typen heimlich belauschen könntest?« Amelie sah Katrin an.

»Ja. Und du hast gemeint, ich könnte auch einfach mal hingehen und fragen, was sie mit mir vorhaben.«

»Aber es ist doch ein gutes Zeichen, dass sie sich nicht mehr gerührt haben, oder?«

Katrin schüttelte den Kopf. »Eher nicht. Wahrscheinlich haben sie alles erreicht, was sie wollen. Wir wissen es nur noch nicht.« Katrins Augen wurden düster. »Wenn ich mich nur trauen würde, dann ...«

»Eben hat es geläutet! Hassans Onkel ist da!«

Die Mädchen schlichen aus dem Zimmer und sahen vom oberen Stock in die Diele hinunter.

Zu ihrem Leidwesen sah Hassans Onkel gar nicht exotisch aus. Er war ein freundlicher älterer Herr, der einen Wintermantel trug und darunter einen grauen Anzug.

»Schade«, flüsterte Amelie. »Zumindest ein Palästinensertuch hätte er sich umbinden können.«

»Aber er hat eine freundliche Stimme«, flüsterte Katrin ebenso leise zurück.

Hassans Onkel sah nach oben und winkte ihnen zu.

»Kommt runter«, rief Eva. »Es gibt Kuchen.«

»Florian kommt auch«, sagte Amelie, als sie nach unten gingen. »Eva hat ihn vorhin angerufen. Er dolmetscht. Mir ist nämlich eingefallen, daß er ein Jahr als Austauschschüler in Amerika war. Hassans Onkel spricht sehr gut Englisch und Eva hat Angst, dass sie nicht alles versteht.«

Alle waren sie von Hassans Onkel angetan. Er lächelte in die Runde und sagte, er und seine Frau würden sich sehr freuen, wenn Hassan in den Weihnachtsferien zu ihnen käme. Aber Hassan hätte jetzt ja eine neue Familie und auch die sei herzlich willkommen.«

»Immediately?«, fragte Amelie.

»Wie wäre es einmal in den Sommerferien?« Er sprach langsam, damit ihn alle verstehen konnten. »Wir haben ein Haus in Amman, das ist die Hauptstadt von Jordanien. Übrigens ist eines unserer SOS-Kinderdörfer nicht weit davon entfernt. Wenn Hassan will, können wir mal hinfahren.«

Hassan nickte.

»Ja, das wollte ich sowieso vorschlagen«, sagte Eva lebhaft auf Deutsch und Florian übersetzte.

Amelie nahm ihren ganzen Mut zusammen. »When we come to your country«, fing sie an, »can wie swim in the Red Sea? It must be great. And can we ride on a camel in the desert? Hassan showed me a lot of photos from Jordan. I like it very much.«

»Certainly!« Hassans Onkel lachte. »The Red Sea is not very far away from Amman.« Und dann erzählte er noch eine Menge über Jordanien. Florian konnte kaum in Ruhe seinen Kuchen essen, so viel hatte er zu übersetzen. Amelie sah sich bereits mit weißem Turban unter Palmen sitzen und auf das Rote Meer hinausschauen.

Mitten aus ihren Träumen heraus wurde sie von Mollis lautem Schluchzen gerissen. »Hassan geht fort!«, jammerte sie. Unaufhaltsam strömten ihr die Tränen aus den Augen.

»Ich komme wieder, Molli!« Hassan legte ihr den Arm um die Schultern. »Ganz bestimmt. Wir müssen doch zusammen weiter Rollschuh laufen üben.«

»Stimmt«, schniefte Molli. »Das hast du mir ganz fest versprochen.«

»Molli, ich könnte auch mit dir Rollschuh fahren«, schlug Markus vor.

Molli lächelte ihn an. »Wenn du willst, kannst du bei uns mitmachen«, sagte sie.

»Danke«, antwortete Markus. Und das klang gar nicht besonders gekränkt.

Katrin weiß nicht mehr weiter

Obwohl der Heilige Abend vorbei war, roch es noch immer nach Weihnachten – nach Christbaum und Kerzen, nach Lebkuchen, Nelken und Zimt. Und irgendwie roch es auch nach Gemütlichkeit. Molli machte es sich in der Sofaecke bequem, angetan mit bunten Knieschützern – ein Geschenk von Hassan – und las. Neben ihr schnurrte Moorchen und Trixi spielte auf dem Teppich mit ihren bunten Bauklötzen. Selbst Amelie und Markus stritten nicht.

Hassan bedauerte fast, dass er gerade jetzt nach Jordanien fuhr, zumal er, wie auch Amelie und Markus, Skier zu Weihnachten bekommen hatte. Am ersten Feiertag waren sie zu dritt zum nächsten Hügel gepilgert und hatten unter Anleitung von Katrin und den Zwillingen und unter Gelächter und Gekicher geübt, wie man Bögen fuhr und zum Stehen kam ohne auf den Hintern zu plumpsen oder auf die Nase zu fallen.

Aber nicht nur Skier hatten unter dem Baum gelegen. Hassan zum Beispiel hatte von Molli ein selbst gemaltes Bild bekommen, auf dem er als Ritter mit erhobenem Schwert zu sehen war, zu seinen Füßen die niedergemähten Widersacher. Amelies Geschenk von Hassan war einer seiner schönen Bildbände von Jordanien. Auf die vordere leere Seite hatte er ein Foto geklebt. Es zeigte zwei Beduinen auf feurigen Araberhengsten. Sie ritten auf Petra zu, eine berühmte und uralte Ruinenstadt. Darunter stand in Druckbuchstaben: *Wir zwei in zehn Jahren*.

An jedem Platz unter dem Christbaum lag ein geschnitzter Holzlöffel. Markus hatte die Löffel im Werkunterricht geschnitzt und dabei festgestellt, wie gut er das konnte und wieviel Spaß es ihm machte mit Holz umzugehen. Der Werklehrer fand, er habe Talent. Eva freute sich, dass Markus endlich an etwas wirklich Interesse fand. Auch in anderen Fächern schien er sich mehr anzustrengen. Vielleicht konnte er doch noch den Hauptschulabschluss schaffen.

Vier Tage nach Weihnachten war es soweit: Hassan trat seine Reise an. Bevor ihn Eva zum Flughafen brachte, ging er ins Nachbarhaus um sich zu verabschieden.

»Komm wieder zurück!« Sebi klopfte ihm auf die Schulter. »Die Band ist ohne dich aufgeschmissen.«

»Nicht nur die Band«, bekräftigte Christian.

»Klar komme ich wieder, soweit es an mir liegt. Trotzdem möchte ich mich noch von den anderen verabschieden. Ich könnte ja auch von einem Kamel fallen und mir den Hals brechen.«

»Mal den Teufel nicht an die Wand«, knurrte Christian. »Und was die andern betrifft: Mama hat Babsi in die Stadt gefahren und Peter mitgenommen. Aber Katrin ist da. Sie sucht nur gerade nach Reißnägeln. Wir pinnen nämlich ein paar Poster an die Wand. Katrin!«, rief er. Aber es kam keine Antwort.

»Dann eben nicht«, meinte Christian.

»Wir grüßen aber alle von dir«, versprach Sebi.

Draußen vor dem Fenster rief Eva nach Hassan. Schleunigst machte er sich auf den Weg. Seine Reisetasche war bereits im Kofferraum verstaut. Amelie saß hinten im Wagen und neben ihr Molli, die schon wieder ihre neuen Knieschützer anhatte. Markus und Trixi standen am Küchenfenster und winkten, bis der Wagen um die nächste Ecke verschwunden war.

Katrin hatte Christians Rufen gehört, sich aber nicht gerührt. Wie gelähmt saß sie an Cornelias Schreibtisch und starrte auf deren Tagebuch.

Es war also soweit! Und eigentlich hatte sie ja schon lange gewusst, dass es so kommen würde.

Zufällig war ihr Blick bei der Suche nach den Reißnägeln an ihrem Namen hängen geblieben. Ganz automatisch hatte sie weitergelesen: *Dass Katrin aus dem Kinderdorf herausgenommen werden könnte, ist mir ein ganz und gar unerträglicher Gedanke! Frau Gierlich sähe Katrin liebend gern wieder bei ihrer leiblichen Mutter. Man langt sich an den Kopf! Vorhin habe ich Frau Gierlich angerufen. Meine Argumente interessieren sie nicht. – Alle meine Kinder sind mir ans Herz gewachsen, doch zu Katrin habe ich eine besonders enge Bindung, vielleicht, weil sie das erste Kind in meiner Familie war ...*

Diese Zeilen hatte Cornelia vor den Sommerferien geschrieben. Aber Katrin achtete nicht auf das Datum. Für sie stand fest, dass man sie zwingen würde das Kinderdorf zu verlassen. Und sie sah für sich nur eine einzige Chance: Dass ihre Mutter sich umstimmen ließ, wenn sie die Verzweiflung ihrer Tochter mit eigenen Augen sah. Also musste sie zu ihr. Was aber, wenn sie und Herr Gutermann sie nicht mehr fortließen? Vielleicht hatten sie ja schon die entsprechenden Papiere in der Hand. Ihr Zugeständnis an das Kinderdorf war vermutlich gewesen, dass sie über die Weihnachtsfeiertage noch in ihrer Familie bleiben durfte.

Falls sich jedoch ihre Mutter nicht erweichen ließ, blieb ihr nur noch die Flucht. Aber wohin sollte sie gehen? Vielleicht dorthin, wo Babsi in den letzten Weihnachtsferien zum Skilaufen gewesen war. Sie hatte dort in der Pension, in der sie wohnte, ein fünfzehnjähriges Mädchen kennen gelernt, das schwarz arbeitete. Sie wurde zwar furchtbar ausgebeutet, hatte aber immerhin Kost und Logis frei, und was sie an Trinkgeldern bekam, konnte sie behalten. Allerdings war sie im Gegensatz zu diesem Mädchen noch keine fünfzehn. Aber vielleicht fragte niemand nach ihrem Alter. Mit hoch gesteckten Haaren sah sie erwachsener aus.

Die Tür ging auf. Christian streckte seinen Kopf herein. »Da bist du ja!«, rief er. »Warum rührst du dich denn nicht? Hassan wollte sich verabschieden.«

Katrin wandte ihm ihr Gesicht zu. Es war schneeweiß.

»Wie siehst *du* denn aus!«, rief er entsetzt.

»Mir ist schlecht«, antwortete Katrin. »Ich leg mich hin.«

»Soll ich dir einen Tee machen oder ein Aspirin bringen?«

»Danke. Wenn ich was brauche, rühre ich mich.«

»Sebi und ich wärmen uns schon mal das Essen. Sollen wir dir was aufheben?«

»Braucht ihr nicht.«

Katrin stand auf und ging an Christian vorbei in ihr Zimmer. Aus der Schultasche zog sie einen Block, riss ein Blatt heraus und schrieb: *Liebe Mama, vorhin bin ich in dein Zimmer gegangen, weil ich nach*

Reißnägeln gesucht habe. Auf deinem Tisch lag ein aufgeschlagenes dickes Heft. Erst später habe ich mitgekriegt, dass das dein Tagebuch ist. Bestimmt hätte ich nicht darin gelesen, wenn da nicht zufällig mein Name gestanden hätte. Entschuldige!

Ich muss also fort! Du hast es mir wahrscheinlich vor Weihnachten nicht mehr sagen wollen. Ich fahre nachher in die Stadt zu Frau Gutermann, wie meine Mutter ja jetzt heißt. Ich werde sie bitten mich bei euch zu lassen. Wenn sie nicht zustimmt, laufe ich weg. Bitte sucht nicht nach mir, denn wenn ihr mich finden würdet, müsste ich dann doch zu denen. Lieber gehe ich aber ans Ende der Welt. Wo das ist, weiß ich noch nicht. Ich hab dich lieb. Immer deine Katrin. Grüße alle, auch Amelie, wenn sie nachher vom Flughafen zurückkommt.

Katrin stand auf, holte oben aus dem Schrank ihre Reisetasche und warf hinein, was an warmen Sachen hineinpasste. Dann nahm sie aus der Schreibtischschublade ihren Pass und zweihundert Mark, die sie für ein Snowboard gespart hatte. Weihnachten waren noch fünfzig Mark dazugekommen.

In zehn Minuten fuhr der Bus zum Bahnhof nach Bergen. Dort musste man umsteigen, wenn man in die Stadt wollte.

Leise öffnete Katrin die Tür ihres Zimmers. Draußen war alles ruhig. Nur aus der Küche hörte sie das Klappern von Geschirr und die gedämpften Stimmen der Zwillinge.

Vielleicht werde ich nie mehr mit meinen Geschwistern am Tisch sitzen, schoss es Katrin durch den Kopf. Dieser Gedanke war so schrecklich, dass sie nur mit Mühe die Tränen zurückhalten konnte. Nicht heulen!, befahl sie sich. Sie nahm ihre Tasche und ging aus dem Haus.

Auf der Suche

»Was ist denn da los?« Amelie stieg aus dem Auto und zeigte auf Haus vier. »Alles erleuchtet von oben bis unten. Komisch. Ich schau mal rüber.«

»Hoffentlich ist nichts passiert! Warte, ich komme mit.« Eva öffnete die hintere Tür. »Komm, Molli!«, sagte sie.

Molli stieg vor Kummer gebeugt aus dem Wagen. Hassans Abflug hatte sie mitgenommen.

»Molli sieht aus wie ne Witwe«, meinte Amelie spöttisch.

»Was ist ne Witwe?«, fragte Molli interessiert trotz aller Trauer.

Eva setzte gerade zu einer Erklärung an, da kam Cornelia mit einem Blatt Papier in der Hand auf sie zugestürzt. »Katrin ist weg!«, rief sie.

»Katrin?« Eva sah sie verständnislos an.

»Ja. Sie ist zu ihrer Mutter gefahren. Hier, lies!«

»Aber warum denn?«

Mit wenigen Sätzen erklärte Cornelia, warum Katrin so reagiert hatte. »Und alles meine Schuld! Hätte ich doch nur dieses Tagebuch nicht offen liegen lassen! Und auch noch *die* Seite war aufgeschlagen, die Katrin in Angst und Schrecken versetzt hat. Dabei ist das Gespräch vorhin auf dem Jugendamt so gut gelaufen. Sogar Frau Gierlich scheint einzusehen, dass man das Kind hier nicht herausreißen darf. Ich habe mich so darauf gefreut Katrin davon zu erzählen.«

Verstört stand Amelie neben Eva. »O Gott!«, stöhnte sie. »Und ich habe ihr die Idee auch noch in den Kopf gesetzt.«

»Du? Aber warum denn?« Cornelia packte Amelie am Arm.

»Weil, weil Katrin immer Angst hatte, dass man ihr nicht sagen würde, was wirklich mit ihr passiert. Wenn sie ein Vogel wäre, hat sie gemeint, würde sie einfach mal zu ihrer Mutter und ihrem Typen hinfliegen und die beiden belauschen. Aber weil man ja eigentlich nur im Märchen zum Vogel wird, habe ich ihr vorgeschlagen, doch einfach selbst…« Amelie ließ den Kopf sinken.

»Cornelia, warum fährst du denn nicht hin und klärst das Missverständnis?«, fragte Eva.

»Weil ich nicht weiß, wo die Leute wohnen!«, rief Cornelia außer sich. »Die Mutter von Katrin heißt jetzt Gutermann, aber im Telefonbuch stehen keine Gutermanns. Auch die Auskunft konnte mir nicht weiterhelfen. Im Jugendamt ist heute niemand mehr erreichbar. Und wie der Teufel will, ist auch Herr Hecker nicht da. Bei der Polizei hat man gemeint, ich solle mir keine Sorgen machen. Neunundneunzig Prozent der Kinder kämen wieder heim.«

Inzwischen waren auch die Zwillinge mit Peter im Schlepptau aufgekreuzt. Bedrückt sagte Sebi: »Schon als sich Hassan von Katrin verabschieden wollte, hat sie so getan, als ob sie nicht da wäre.«

»Später habe ich sie dann in Mamas Zimmer entdeckt«, fuhr Christian fort. »Sie war so weiß wie der Schnee hier. Aber sie hat behauptet, ihr sei nur schlecht. Und ich Trottel habe es geglaubt.«

»Du kannst nichts dafür«, beruhigte ihn Cornelia. »Wie solltest du ahnen, was sie vorhatte!«

»Mir ist kalt«, beschwerte sich Molli. »Ich möchte heim.«

»Kommt!« Eva machte eine Bewegung zum Haus hin. »Wärmen wir uns alle in der Küche auf. Ich mache Tee und Plätzchen haben wir auch noch. Vielleicht kommt uns drinnen eine Idee.«

»Was ist denn eigentlich los?«, fragte Markus, als sie sich zu zehnt um den Küchentisch drängelten.

»Katrin ist weg«, antwortete Amelie und erklärte ihm, warum sie weggegangen war und wo sie sich jetzt wahrscheinlich aufhielt. »Nämlich in der Höhle des Löwen«, wie sie abschließend sagte.

»Und warum fährt ihr niemand nach?«

»Weil wir keine Adresse haben«, antwortete Cornelia.

»Und woher hatte sie Katrin?«

»Ihre Mutter hat sie ihr zugesteckt, als sie im Frühjahr im Kinderdorf war«, erklärte Amelie. »Aber freiwillig bleibt sie doch niemals bei denen. Sie wird sich vielleicht irgendwo in der Stadt verstecken ...«

»Ja, und das macht mir am meisten Angst«, rief Cornelia. »Wo wird sie sich verstecken? Und an wen wird sie geraten, wenn sie mutterseelenallein herumirrt, durcheinander wie sie ist?« Ihre Stimme zitterte so sehr wie ihre Hände.

Niemand sagte ein Wort. Alle waren mit ihren Gedanken beschäftigt. Sogar Trixi und Peter waren ausnahmsweise ruhig.

Markus runzelte die Stirn. »Ich habe Katrin mal von dem Treff am Bahnhof erzählt.« Er sah Eva an. »Du weißt schon, die Unterführung, wo ich mich damals auch verstecken wollte. Katrin hat mich später noch mal gefragt, wo das genau ist. Vielleicht ...«

»Ich fahre sofort hin«, unterbrach ihn Cornelia und

sprang auf. »Markus, erklär mir bitte, wo diese Unterführung ist.«

»Er soll mitfahren.« Amelie zog Markus von der Bank hoch. »Er ist doch der Einzige, der sich dort richtig auskennt. Und ich komme auch mit. Darf ich?«

Eva und Cornelia nickten.

»Also, dann los!«, rief Amelie. »Worauf warten wir noch?«

Ein schreckliches Erlebnis

Während Cornelia Hennig ihren Wagen startete, stieg Katrin in der Stadt aus dem Zug. Es wurde schon dämmrig und das letzte Tageslicht ließ den grauen Schnee noch grauer und schmutziger erscheinen. Auch die Kälte, die man tagsüber nicht so spürte, wurde geradezu beißend. Fröstelnd zog Katrin den Reißverschluß ihres Anoraks hoch und nahm dann aus der Hosentasche den Zettel mit der Adresse. Hüttenstraße 3 stand darauf.

Noch nie war Katrin allein in der Stadt gewesen. Wie sollte sie nur die Hüttenstraße finden? Am besten, sie fragte den Taxifahrer, der drüben am Stand hielt.

»Du kannst die Tram nehmen.« Er machte mit dem Kinn eine Bewegung zur nächsten Straßenbahninsel hin. »Nummer Neunzehn. Aber wenn du willst, fahre ich dich auch. Mit fünfzehn Mark bist du dabei.«

»Danke.« Katrin schüttelte den Kopf.

Nur wenige Leute waren unterwegs. Ein älterer Mann stand mit ihr an der Haltestelle.

»Fährt die Linie neunzehn wirklich zur Hüttenstraße?«, fragte ihn Katrin vorsichtshalber noch mal.

»Ja. Es ist die Haltestelle vor der Endstation«, antwortete er. »Keine gute Gegend. Mädchen in deinem Alter sollten dort nicht allein spazieren gehen.« Er lachte, aber sein Lachen war alles andere als angenehm.

Zum Glück bog die Trambahn um die Ecke, so dass sie nicht mehr zu antworten brauchte.

Die Hüttenstraße war eine breite vierspurige Stadtautobahn. Rechts und links davon waren Tankstellen, Montagehallen und große Geschäfte, aber dazwischen standen ein paar einzelne mehrgeschossige Wohnhäuser.

Das Haus Nummer 3 war nur wenige Schritte von der Haltestelle entfernt. Katrin war so aufgeregt, als sie den Klingelknopf drückte, dass ihre Knie richtig weich wurden und sie sich an die Hauswand lehnen musste.

»Wer ist da?« Eine unfreundliche Männerstimme ertönte aus der Gegensprechanlage.

»Ich bins, Katrin.«

Wenn es Herr Gutermann war, so hatte es ihm die Sprache verschlagen. Als er wieder etwas von sich gab, rief er übertrieben freundlich: »Unsere Tochter. Welche Überraschung!«

Einen Moment später öffnete er die Tür und musterte Katrin von oben bis unten. »Na, komm rein!«, sagte er dann und legte den Arm um ihre Schultern.

Das Wohnzimmer der Gutermanns war ziemlich pompös eingerichtet mit Spiegelschränken, zwei Sesseln und einem großem Sofa aus schwarzer Lederimitation.

Auf dem Sofa lag Katrins Mutter. Sie stand auf und ging auf ihre Tochter zu. »Warum bist du hergekommen?«, fragte sie ohne Begeisterung.

»Weil ich im Kinderdorf bleiben will. Ich will nicht zu dir ziehen. Bitte, zwing mich nicht dazu!« Katrins Stimme zitterte.

»Wer sagt denn, dass du zu uns ziehen musst?«, fragte Frau Gutermann.

»Ich habe es durch Zufall erfahren«, antwortete Katrin.

»Dann weißt du ja mehr als wir.« Frau Gutermann lächelte. »Wir möchten, dass du zu uns kommst. Aber es sieht so aus ...«

»Wer weiß denn überhaupt, dass du hier bist?«, unterbrach Herr Gutermann seine Frau.

»Ich habe zu Hause eine Nachricht hinterlassen.« So elend und verlassen fühlte sich Katrin, dass sie kaum sprechen konnte.

Unter halb geschlossenen Augenlidern hervor sah Herr Gutermann Katrin an. »Meine hübsche Stieftochter ist aus freien Stücken zu uns gekommen und wird deshalb auch bei uns bleiben.« Er strich ihr leicht über den Rücken und ließ dann seine Hand auf ihrer Hüfte liegen.

»Nein!« Katrins Mutter stampfte mit dem Fuß auf. Und das war eines der wenigen Male in ihrem Leben, dass sie etwas Sinnvolles tat. »Nein«, wiederholte sie. »Lass Katrin in Ruhe!«

»Das geht dich einen Dreck an«, entgegnete er.

»Und ob es mich etwas angeht! Wenn du sie nicht in Ruhe lässt, gibts Ärger, das schwör ich dir.«

Die Adern an Herrn Gutermanns Hals schwollen gefährlich an. Wie ein gereizter Stier ging er auf seine Frau los. Sie machte einen Schritt zurück. Dann den nächsten, immer weiter ins Zimmer hinein.

Langsam, im Zeitlupentempo, bewegte sich Katrin auf die Wohnungstür zu. Herrn Gutermanns Rücken behielt sie im Auge. Mit dem Ellbogen drückte sie die Klinke herunter, dann schlüpfte sie hinaus.

»Halt!« Herr Gutermann hatte das Schnappen des Schlosses gehört und riss die Tür wieder auf. »Nun warte doch mal, Mädchen«, rief er ihr nach. »Wir wollen nur das Beste für dich. Eine richtige Familie.« Seine Stimme klang ölig.

Katrin rannte auf die Straße und jagte zur Haltestelle, wo gerade eine Bahn hielt. Sie sprang hinein, die Tür ging zu, die Bahn fuhr ab.

Außer Atem ließ sie sich auf den nächsten Sitz fallen. Es war also noch gar nichts entschieden. Oder doch? »Eine richtige Familie...« Herrn Gutermanns Worte dröhnten in ihren Ohren. Nein, sie konnte es nicht riskieren nach Hause zu fahren.

Am Bahnhof stieg sie aus und suchte die Unterführung. Dort sah es alles andere als einladend aus. Vor den Jugendlichen, die herumstanden, hatte sie Angst. Ein paar riefen etwas hinter ihr her. Sie reagierte nicht und ging weiter. Was sollte sie jetzt tun? Jemanden fragen, ob er Markus kannte? Oder in irgendeinen Zug steigen, egal, wohin? In einer dunklen Ecke hockte sie sich hinter einen Vorsprung.

Cornelia entdeckte Katrin als Erste. »Hier ist sie!«, rief sie so laut, dass sich einige der Jugendlichen umdrehten.

Katrin sprang auf und dann dauerte es erst einmal eine ganze Weile, bis sie sich an Cornelias Schulter ausgeweint hatte.

»Du bleibst bei uns«, versicherte Cornelia immer wieder. »Wir schaffen das.« Und dann konnte sie Katrin endlich von dem Gespräch auf dem Jugendamt erzählen.

Erst als Cornelia ihr den Arm um die Schulter legte und sie zum Auto führte, nahm Katrin die beiden anderen wahr.

»Weißt du eigentlich, wer die Idee mit dem Bahnhofstreff hatte?«, fragte Amelie.
Katrin schüttelte den Kopf.
Amelie zeigte auf Markus. »Ohne ihn wären wir jetzt bestimmt nicht da. Und du würdest dir in dieser schrecklichen Unterführung die Augen ausheulen.«

Hassan schreibt aus Jordanien

Schon eine Woche nach Hassans Abflug kam ein Luftpostbrief aus Jordanien. Hassan schrieb:

Hallo, ihr daheim,
es kommt mir vor, als ob ich schon ewige Zeiten in Jordanien wäre, so viel habe ich erlebt und gesehen. Kalif Storch ist bestimmt nicht so herumgekommen wie ich in den letzten Tagen. Es ist wirklich traumhaft hier, wie im Märchen! Ich bedauere euch, dass ihr im kalten Deutschland bleiben müsst und nicht hier sein könnt.
Ich erzähle der Reihe nach:

Der Flug (mein erster!) war wunderbar! Aber das wisst ihr ja schon, weil ich Eva angerufen habe. Das Haus, in dem mein Onkel und meine Tante wohnen, ist sehr schön: Es ist weiß gestrichen, hat ein flaches Dach und einen Innenhof. Im Sommer kann man sicher toll draußen sitzen, doch jetzt ist es – zumindest in Amman – zu kühl. Aber wir waren auch schon am Toten Meer und da ist es wirklich sehr, sehr warm.

Das Tote Meer ist tatsächlich so, wie es beschrieben wird: Man legt sich rein und geht nicht unter. Wenn man aus dem Wasser raussteigt, hat man sofort eine weiße Salzkruste, die fürchterlich juckt, falls man sie nicht gleich mit kaltem Wasser abwäscht.

Mein Onkel und meine Tante sind sehr nett zu mir. Sie haben keine Kinder, aber eine Menge Freunde und Nachbarn mit Kindern. Dauernd kommt jemand um mich kennen zu lernen. Ich kann noch gar nicht alle auseinander halten.

Mein Onkel erzählt mir viel von der Zeit, als er und mein Vater Kinder waren. Das finde ich schön, weil ich davon fast gar nichts wusste.

Morgen fahren wir nach Akaba, einer Stadt am Roten Meer. Dort gibt es eine Menge zu sehen, deshalb werden wir auch zweimal übernachten. Wir fahren von Amman aus die Straße der Könige. Diese Straße ist berühmt. Wie ich in dem Reiseführer gelesen habe, den mir Eva Weihnachten geschenkt hat, schlängelt sie sich duch eine großartige Berglandschaft, vorbei an alten Kreuzfahrerburgen und römischen Ausgrabungen. In Akaba, sagt mein Onkel, gibt es endlos lange Sandstrände und Korallenriffe. Ich bin schon gespannt! Am dritten Tag geht es dann in die Wadi Rum, angeblich die schönste Wüstenlandschaft der Welt. Mein Onkel hat dort Freunde, die Kamele haben. Wir werden also zumindest ein Stück dieser Wüste auf dem Kamelrücken durchqueren! Hoffentlich schaukelt es da oben nicht zu sehr, weil ich doch leicht seekrank werde!

Amman gefällt mir auch gut. Zuerst war ich zwar enttäuscht, weil die Stadt so modern ist. Ich hatte sie mir eigentlich ganz anders vorgestellt. Aber es gibt auch eine richtig orientalische Altstadt, ein riesiges römisches Theater und viele Moscheen. Am besten gefällt mir der Markt, der einen ganz schwindlig macht wegen der vielen tollen Sachen, die es gibt, der vielen Gewürze, die ganz intensiv riechen, und wegen der vielen Leute, die zusammenstehen und laut miteinander reden. Richtig aufregend ist das!

Auch ein paar Kalifenschlösser haben wir schon besucht. Ich finde, wir haben bei unserem Kalif-Storch-Spiel im Sommer die Atmosphäre gut getroffen.

Im SOS-Kinderdorf in Amman waren wir gleich am dritten Tag. Es ist einerseits so ähnlich wie bei uns mit den Häusern und den Familien, aber dann doch wieder ganz anders. Wie eben auch Jordanien anders ist als Deutschland. Jedes SOS-Kinderdorf auf der Welt ist wahrscheinlich so wie das Land, in dem es

Vor ein paar Tagen waren wir übrigens in der alten Felsenstadt Petra. Das ist die auf dem Foto in dem Buch, du weißt schon. Ich war total begeistert! Schon die Farben der Felsen sind echt unvorstellbar – von rot über grau und gelb. Man geht durch eine ziemlich lange und sehr enge Schlucht, den Siq, wie sie heißt, bis man nach Petra kommt. Bis zu siebzig Meter hoch ragen die Felswände zu beiden Seiten vom Weg empor, stellenweise nur zwei Meter voneinander entfernt. Und dann tritt man aus der Schlucht heraus und sieht die alte Stadt – wie aus tausendundeiner Nacht ist das. Das musst du selbst sehen, so schön ist es!

Gibt es noch Schnee bei euch? Sicher fahrt ihr mir schon längst davon, du und Markus. Es wird Zeit, dass ich zurückkomme.

Also bis demnächst dein Hassan

Familienfest nach einem Jahr

Niemand hatte Geburtstag. Es gab nichts zu feiern an diesem 21. März. Der 21. März war ein ganz normaler Tag im Haus Nummer 3. Nach dem Mittagessen stritten Amelie und Markus wie üblich wegen des Tischabräumens, Molli saß mit Moorchen auf dem Sofa und las, Trixi war wie so oft in letzter Zeit heimlich abgehauen und zu Peter marschiert. Hassan übte Gitarre. Wirklich, ein ganz normaler Tag – und doch, fand Eva, lag etwas Besonderes in der Luft. Sie hätte nicht sagen können, was es war – einfach nur so ein Gefühl.

Nein, es war nicht nur ein Gefühl! Ihre Kinder hatten ein Geheimnis. Verstohlen sahen sie sich immer wieder an. Und dann wurde Eva gebeten in ihr Zimmer zu gehen und erst wieder herauszukommen, wenn man sie holte. Sie hörte Gelächter, eilige Schritte treppauf und treppab, Flüstern, Kichern vor der Haustür, Scharren vieler Füße – eine Prozession schien sich die Treppe hinaufzubewegen. Und dann kam Amelie und führte sie bis vor das Zimmer von Markus. Wie durch Geisterhand öffnete sich die Tür.

Eva blieb vor Staunen der Mund offen stehen. Bunte Girlanden zogen sich von einem Ende des Raums zum anderen, darunter waren alle Topfpflanzen des Hauses malerisch verteilt, so dass das Zimmer einem Wintergarten glich. Ein großes Plakat lehnte vor dem Kleiderschrank. Darauf stand:

EIN JAHR IM HAUS DREI IST ERFOLGREICH VORBEI.

Unter diesen Zeilen war wirklichkeitsgetreu ihr Haus abgebildet. Jedes Kind hatte sich aus dem jeweiligen Zimmerfenster schauend selbst gemalt. Die Bilder waren ziemlich verschieden ausgefallen. Trixis zum Beispiel hatte eine große Ähnlichkeit mit einer überreifen Birne. Eva und Moorchen, von Amelie gezeichnet, standen auf dem Bild einträchtig vor dem Haus und sahen sich lächelnd an.

Um ein weißes Tuch herum, das auf dem Teppich lag, saßen nicht nur Markus, Hassan, Molli und Trixi, sondern auch die gesamte Belegschaft von Haus 4. Sogar Babsi war da. Gläser und Teller standen auf dem Tuch nebst mehreren Kannen Punsch aus Orangensaft und Tee. Es gab auch Kuchen, den Amelie und Hassan in aller Heimlichkeit drüben bei Katrin gebacken hatten. Auf Spießchen steckten Weintrauben und Käse – ein Werk von Markus und Molli. Und es gab Musik: Hassan nahm seine Gitarre und spielte eine traumhafte Melodie, und weil er sie schon so oft geübt hatte, kannten sie alle und summten mit.

Dann stand Amelie auf und hielt eine Rede. »Liebe Eva«, fing sie an. »Du scheinst noch immer nicht zu wissen, warum wir heute feiern. Wir feiern, weil ich genau vor einem Jahr als erstes Kind in dieses Haus gekommen bin. Deshalb hat unsere Familie heute den ersten Geburtstag. Wir Kinder finden, das ist ein Grund zum Feiern. Deshalb: Ein Hoch auf unsere Familie!«

»Hoch, hoch, hoch!«, riefen alle.

Tränen standen Eva in den Augen, so gerührt war sie. »Ich danke euch!«, sagte sie mit wackliger Stimme. »Und ich hoffe, dass wir zusammen noch viele so glückliche Stunden verbringen wie diese hier.«

Sie sah von einem fröhlichen Gesicht zum andern. Wie würde es weitergehen? Wie würden ihre Kinder zurechtkommen?

Amelie, die genauso liebevoll wie egoistisch sein konnte.

Hassan, der mit zwei Welten, der arabischen wie der europäischen, zurechtkommen musste.

Markus, dessen Wunden, die ihm zugefügt worden waren, wohl nie ganz heilen konnten.

Die kleine liebebedürftige Molli.

Und Trixi, die sonnigste der Familie. Um sie brauchte man sich keine Sorgen zu machen.

Aber Angst musste sie eigentlich auch um ihre andern Kinder nicht mehr haben. Es ging ihnen gut. Eva lächelte. Ihre Augen waren heute ganz besonders blau.

Molli sprang auf. »Moorchen hat an der Tür gekratzt«, sagte sie.

Stolz trug Moorchen Trixis aufziehbare graue Spielmaus ins Zimmer und legte sie Eva vor die Füße.

»Moorchen bittet untertänigst mitfeiern zu dürfen«, rief Amelie lachend. Und dann musste sie immer mehr lachen und konnte nicht mehr aufhören. »Ich habe schon Bauchschmerzen«, stöhnte sie.

»Amelie, erinnerst du dich an deinen ersten Tag hier im Haus?«, fragte sie Eva.

»Und ob! Damals hatte ich Bauchschmerzen, weil ich so traurig war«, antwortete sie. »Und heute, weil ich so lachen musste.«

Die SOS-Kinderdörfer

Überall auf der Welt gibt es Kinder, die in Not geraten, sei es durch Krieg, durch Naturkatastrophen oder durch andere Schicksalsschläge.

SOS-Kinderdorf International versucht durch den Bau von SOS-Kinderdörfern und anderen Einrichtungen dazu beizutragen, dass diese Kinder wieder eine Heimat finden, in der sie trotz allem unbeschwert aufwachsen können.

Weltweit gibt es heute in 124 Ländern (also in etwa zwei Dritteln der Länder unserer Erde) mehr als tausend SOS-Kinderdorfeinrichtungen wie Dörfer, Schulen, Lehrwerkstätten, Sozialstationen und Krankenhäuser, in denen 154000 Kinder und Jugendliche leben und betreut werden. Das südlichste SOS-Kinderdorf ist übrigens in Chile, das nördlichste SOS-Kinderdorf in Finnland. Das größte Kinderdorf liegt in Indien mit 32 Familienhäusern, in denen 2500 Kinder leben, fast ausschließlich Kinder, die aus Tibet fliehen mussten.

Das erste SOS-Kinderdorf wurde 1949 durch Hermann Gmeiner in Imst/Tirol gegründet. Aus diesen kleinen Anfängen wurde das weltweit größte private Kinder- und Jugendhilfswerk, das über ideologische und religiöse Grenzen hinweg arbeitet und Menschen aller Nationalitäten zu seinen Freunden zählt. Kinderdörfer werden weitgehend durch Spenden finanziert.

Jedes Kind, das in einem SOS-Kinderdorf aufgenommen wird, bekommt wieder eine Mutter. Zu einer SOS-Kinderdorffamilie in Europa zählen etwa fünf bis sechs, in Ländern der Dritten Welt sechs bis zehn Mädchen und Jungen verschiedenen Alters. Leibliche Geschwister werden nicht getrennt.

Ein SOS-Kinderdorf besteht in der Regel aus 15 bis 20 Familienhäusern. Die SOS-Kinderdörfer grenzen sich nicht ab, sondern sie halten engen Kontakt zu den jeweiligen Gemeinden. Die Kinder besuchen öffentliche Schulen und wachsen in der Kultur und Religion ihres Landes auf.

Der deutsche SOS-Kinderdorf-Verein ist Mitglied von *SOS-Kinderdorf International*, das seinen Sitz in

Innsbruck und Wien hat. Vor 40 Jahren wurde in Dießen am Ammersee das erste deutsche SOS-Kinderdorf gebaut. Weitere 13 Kinderdörfer folgten. Der SOS-Kinderdorf e. V. unterhält in Deutschland aber auch Jugendwohngemeinschaften, Beratungsstellen, Berufsausbildungszentren, Kindergärten und zwei Dorfgemeinschaften für geistig und seelisch Behinderte. Über 10000 Kinder und Jugendliche werden zur Zeit in deutschen SOS-Kinderdorfeinrichtungen betreut.

Weitere Informationen kann man bei der Abteilung Öffentlichkeitsarbeit des SOS-Kinderdorf e. V. anfordern. Die Adresse:

SOS-Kinderdorf e. V.
Renatastraße 77
80639 München
Telefon 089/126060
Telefax 089/12606404

Die Autorin

Friederun Reichenstetter, 1940 in Gunzenhausen geboren, lebte und arbeitete nach dem Sprachenstudium viele Jahre im Ausland. In den letzten Jahren machte sie das Schreiben zum Hauptberuf. Sie schreibt Bilderbücher, Kinder- und Jugendbücher und arbeitet für den Kinderfunk.
»Zu Hause im SOS-Kinderdorf«, nach »Tierschmugglern auf der Spur« ihr zweites Buch im Erika Klopp Verlag, geht auf eigene Erlebnisse und Erfahrungen ihrer Arbeit beim SOS-Kinderdorf e. V. zurück.
Friederun Reichenstetter lebt mit ihrer Familie in München.

Der Illustrator

Claus Danner, 1958 in Laupheim bei Ravensburg geboren, studierte Design in Augsburg und arbeitete mehrere Jahre als Designer in verschiedenen Agenturen. Er lebt mit seiner Familie als freiberuflicher Illustrator in Augsburg.

Wußtest Du schon...?

...daß weltweit mehr als 28.000 Kinder, die nicht bei ihren Eltern aufwachsen können, ein neues Zuhause in einem SOS-Kinderdorf gefunden haben? Würden sich alle die Hände reichen, bildeten sie eine Menschenkette mit einer Länge von über 33 Kilometern!
Du kannst mehr über die SOS-Kinderdörfer erfahren, indem Du uns eine Postkarte schickst. Darauf teilst Du uns einfach mit, ob Du:

- Lesestoff über den SOS-Kinderdorf e.V.
- das SOS-Kinderdorf Jahrbuch 1997
- ein Poster von den SOS-Kinderdörfern in Deutschland
- Anstecker, Aufkleber oder Luftballons
- oder eine ganz bestimmte Frage beantwortet haben möchtest.

Wir freuen uns auf Deine Zuschrift:

SOS-Kinderdorf e.V.
Öffentlichkeitsarbeit
Iris Gräbe und Pia Ben Baccar
Renatastrasse 77
80639 München
http://www.SOS-Kinderdorf.de